Ute Hagehülsmann

Transaktionsanalyse Wie geht denn das?

Transaktionsanalyse in Aktion I

Mit einem Vorwort von
Prof. Dr. Helmut Harsch

Junfermann Verlag · Paderborn
1992

© Junfermannsche Verlagsbuchhandlung, Paderborn 1992

Alle Rechte vorbehalten.
Nachdruck oder Vervielfältigung des Buches oder von Teilen
daraus nur mit ausdrücklicher Genehmigung des Verlages.

Satz: adrupa Paderborn
Druck: PDC – Paderborner Druck Centrum

CIP-Titelaufnahme der Deutschen Bibliothek
Hagehülsmann Ute:
Transaktionsanalyse – Wie geht denn das: Transaktionsanalyse
in Aktion I / Ute Hagehülsmann. –
Paderborn: Junfermann, 1992
    ISBN 3-87387-076-2

ISBN 3-87387-076-2

Inhaltsverzeichnis

Vorwort von Prof. Dr. Helmut Harsch 9
Zur Einleitung eine kurze Vorausschau 13

Verträge, Diagnosen und Skizzierung
möglicher Therapieverläufe 17
Peter H. 17
Das Ehepaar Bärbel und Jochen J. 22
Jochen J. 22
Bärbel J. 23

Grundkonzepte der Transaktionsanalyse 27
Die Ich-Zustände 27
Wie der/die TherapeutIn mit Ich-Zuständen umgeht 37
Wie der/die TherapeutIn mit dem inneren Dialog
umgeht 39
Wie der/die TherapeutIn mit Trübungen umgeht 42
Die Transaktionen 43
Wie der/die TherapeutIn mit Transaktionen umgeht 49
„Streicheln" und andere Grundbedürfnisse 53
Wie der/die TherapeutIn mit dem Streichelkonzept
umgeht 57
Die Grundpositionen 63
Spiele 66
Das Opfer 66
Der Retter 67
Der Verfolger 68
Wie der/die TherapeutIn mit Spielen umgeht 71
Gefühle und Ersatzgefühle 81
Wie der/die TherapeutIn mit Gefühlen, Ersatzgefühlen
und den Skriptsystemen umgeht 84
Symbiosen 93

Wie der/die TherapeutIn mit Symbiosen umgeht 96
Das Skript oder der Lebensplan 101
Wie der/die TherapeutIn mit Skriptelementen umgeht . . . 103

Therapieverläufe 113
Aus dem Therapieverlauf von Peter H. 113
Aus dem Therapieverlauf von Bärbel und Jochen J. 116

**Probleme bei der transaktionsanalytischen Theorie
und Therapie** 119

**Einige Anmerkungen zum „Gebrauch" von
transaktionsanalytischer Therapie** 123
Ausbildung 124

Anhang 125

Literaturhinweise 129

Ich danke Brigitte und Günter Lannte sowie meinem Mann Heinrich für den liebevollen Einsatz aller „Ich-Zustände", mit dem sie zum Gelingen dieses Buches beigetragen haben.

Vorwort

Gerne schreibe ich dieses Vorwort zum Buch von Ute Hagehülsmann über „Transaktionsanalyse, wie geht denn das?". Denn es ist ein wichtiges Buch zum rechten Zeitpunkt. Was ich damit meine, möchte ich gerne an meinem eigenen Lernprozeß in Sachen Transaktionsanalyse (TA) beschreiben:

Ende der sechziger Jahre wurde die TA bei uns zunächst durch Eric Bernes Bestseller „Spiele der Erwachsenen" bekannt, der in hoher Auflage bei Rowohlt erschien (wohl aufgrund eines naheliegenden Mißverständnisses des deutschen Titels). Ich habe dieses Buch damals gleich gelesen und fand es in seinem neuartigen, systemischen Ansatz interessant, in seiner ironisch-arroganten Art jedoch nicht unbedingt einladend. Ausreichend, um mit diesem Konzept nun auch therapeutisch arbeiten zu können, war es nicht. Bei einem Studienaufenthalt 1972 in den USA lernte ich dann die TA in Aktion kennen und schätzen. Als Psychoanalytiker besaß ich bereits Kenntnisse über psychodynamische Zusammenhänge früher Entwicklungsstufen mit den entsprechenden psychischen Problemen und Symptomen im Erwachsenenalter, hatte Erfahrung im Umgang mit Übertragungs- und Widerstandsphänomenen und wußte vor allem mit Hilfe von Deutungen damit umzugehen.

Was mich gerade an der Transaktionsanalyse beeindruckte, war:

- die verantwortliche Beteiligung des Patienten an seinem Heilungsprozeß, was sich besonders deutlich in der eingängigen Sprache der TA und im Vertragskonzept zeigte;
- die Genauigkeit der Verhaltensbeobachtung, z. B. im Blick auf Ich-Zustände und Transaktionen;
- der direkte Zugang, der sich dadurch ganz unmittelbar zu den frühen Traumata und Überlebensentscheidungen ergab;

– ein vielfältiges Angebot von Interventionsmöglichkeiten, um sich auf den unterschiedlichsten Ebenen mit diesen Gegebenheiten auseinanderzusetzen, sie anzunehmen und zu verändern.

Das war neu für mich und beinhaltete eine Herausforderung, diese Erkenntnisse in unsere Sprache und Lebenswelt und auf verschiedene Anwendungsbereiche wie z. B. Therapie, Beratung, Seelsorge und Pädagogik zu übertragen.

Wie mir ging es etlichen anderen Kolleginnen und Kollegen, die ähnliche Erfahrungen mit der TA gemacht hatten. Diese Übertragungen geschahen anfänglich im allgemeinen zunächst in Form von Übersetzungen amerikanischer Literatur, bis dann auch eigene deutsche Veröffentlichungen erschienen.

Die Reaktionen auf die zunehmende Verbreitung der TA waren sehr unterschiedlich: Die einen waren begeistert davon, andere gerade wegen dieses Begeisterungseffektes eher skeptisch. Für manche wurde die TA zum negativen Paradebeispiel des Psychobooms der siebziger und achtziger Jahre; einige „Sektenbeauftragte" der evangelischen Kirchen stuften sie sogar in die Gruppe verführerischer Jugendreligionen ein und warnten vor ihrem Menschenbild, das durch seine Gewinner-Ideologie Menschen zu plattem Hedonismus und rücksichtslosem Durchsetzen auf Kosten anderer verleite. Wieder andere Kritiker sahen in der TA nur eine Spielart eines oberflächlichen Behaviorismus, der nicht in der Lage sei, in die Tiefenstrukturen der Menschen vorzudringen, um dort etwas zu verändern.

Von der „wissenschaftlichen Welt" ist TA bisher kaum zur Kenntnis genommen worden. Doch hat die TA-Gemeinschaft bislang auch wenig getan, ihre Befunde in wissenschaftlichen Kategorien darzustellen und ihre Ergebnisse wissenschaftlicher Nachprüfung zu unterziehen. Das ist wohl auch eine der Ursachen dafür, daß die TA beispielsweise bisher nicht als eigenständige Methode für die Kassenpraxis anerkannt worden ist.

Woher kommt dieses Phänomen, daß die TA, wie kaum eine andere gegenwärtige Therapierichtung, in so extrem unterschiedlicher Weise gesehen und beurteilt wird? Dafür gibt es sicher mehrere Gründe:

- Sie paßt nicht so recht in die Schubladen vorhandener therapeutischer Schulen, für die jeweils nur eine Hauptkategorie bestimmend ist, z. B. das Denken (wie in den deutenden Verfahren) oder das Fühlen (wie in der Gesprächs- oder Gestalttherapie) oder das Verhalten (wie in der Verhaltenstherapie). TA achtet stets auf alle drei Lebensäußerungen des Menschen in ihrem Zusammenspiel.
- TA hat sehr symbolträchtige Sprachspiele als Mittel ihrer Modellbeschreibungen und Interventionsstrategien entwickelt, wie z. B. „Eltern", „Erwachsener", „Kind", „Hexen", „Frosch", „Prinz und Prinzessin", „Computer", die durch ihre Konkretheit wiederum zu einem konkretistischen Mißverstehen beigetragen haben.

Es wäre jedoch sicher zu einfach, die negative Sicht der TA nur im Mißverstehen bzw. der Böswilligkeit der anderen begründet zu sehen. Es gibt vielmehr Gründe zur Annahme, daß die extreme Ambivalenz im persönlichen Skript ihres Gründers und in ihrem eigenen institutionellen Skript begründet liegt. Zwei Spannungsfelder zeigen sich dabei in besonderer Weise, nämlich als Spannung zwischen banaler Einfalt und hoher Effektivität einerseits und zwischen narzißtischer Inflationierung und realitätsbezogener Konfrontation andererseits. Jeder Transaktionsanalytiker hat sich auf der persönlichen, der methodischen und der institutionellen Ebene mit diesen Ambivalenzen auseinanderzusetzen und dabei seine eigene Position zu bestimmen.

Ute Hagehülsmann hat dies in einem langen und ertragreichen Lernprozeß getan. Ein Ergebnis dieser ihrer Arbeit legt sie hier vor: TA, wie sie von ihr aufgenommen und in ihre Person integriert worden ist.

Ein „Slogan" der TA lautet ja, daß schon ein Kind in 5 Minuten verstehen lernen kann, was TA (z. B. im Blick auf Ich-Zustände) meint. Erfahrung ist jedoch, daß es für die meisten Transaktionsanalytiker etwa 5 Jahre dauert, bis sie Ich-Zustände unmittelbar wahrnehmen und entsprechend reagieren können. Mit diesem Wissen im Hintergrund weiß man als Leser erst das Wagnis zu schätzen, das die Verfasserin mit dieser Publikation eingegangen ist. Sie ist sich dabei klar, daß sie weit mehr zeigt, als nur das Funktionieren einer therapeutischen Methode. Sie zeigt sich damit auch in ihrer Verletzbarkeit als am Geschäft der Therapie beteiligte Person. In dieser Tatsache liegt wohl auch begründet, warum es so viele theoretische Bücher über TA und andere Therapierichtungen gibt und so wenige, die wirklich Einblick in die kleinen Schritte des therapeutischen Vorgehens geben.

Ute Hagehülsmann gebührt deshalb besonderer Dank, daß sie das Wagnis dieses Buches unternommen hat und damit auch dazu beiträgt, die TA einem größeren Leserkreis zu vermitteln. Ich denke dabei zuerst an Menschen, die sich bei dem vielfältigen Angebot auf dem Markt der Therapien einen Überblick verschaffen und sehen wollen, ob TA etwas für sie in der Lösung ihrer Probleme bringen könne. – Eine andere Gruppe werden Ausbildungskandidaten sein, die sich hier Anregung für ihre eigene Konzeption der TA suchen. – Eine dritte Gruppe sind Kollegen und Kolleginnen der TA und anderer Richtungen, für die dieses Buch viele Anregungen zum gegenseitigen Austausch bietet. – Last not least hoffe ich, daß dadurch die Ansätze zur Effektivitätskontrolle der TA stimuliert und fortgeführt werden. In diesem Sinne wünsche ich diesem Buch eine weite Verbreitung.

Langenhain, den 24. Februar 1992

Prof. Dr. Helmut Harsch

Zur Einleitung eine kurze Vorausschau

Als Psychotherapeutin, die ihre Arbeit wesentlich durch transaktionsanalytische Konzepte mitgestaltet, wende ich mich mit diesem Buch vor allem an Laien und vielleicht auch an Fachleute, die sich dafür interessieren, wie „Transaktionsanalyse denn eigentlich geht". Dazu möchte ich Sie gern mit einigen Grundideen und -modellen vertraut machen, die die Bausteine dieser transaktionsanalytischen Theorien darstellen. Vor allem aber möchte ich Ihnen, zumindest ausschnittweise, zeigen, wie diese Theorien in die Praxis umgesetzt werden und wie sie genutzt werden können, um Beeinträchtigungen in unserem Fühlen, Denken und Handeln, an denen wir leiden, zu verändern. Diese Beeinträchtigungen resultieren entweder aus inneren Konflikten, die durch das Aufeinandertreffen bzw. -prallen unterschiedlicher Aspekte unserer Person entstehen oder durch Schwierigkeiten in unseren sozialen Beziehungen, die wiederum durch die inneren Konflikte mitbedingt sind.

Um dieses Geschehen zu verdeutlichen, werde ich Sie mit transaktionsanalytischen Gedanken zur Struktur eines Menschen (*Strukturanalyse*) und den daraus resultierenden Verhaltensweisen (*Funktionsanalyse*) ebenso vertraut machen wie mit transaktionsanalytischen Ansichten zu zwischenmenschlichem Verhalten (der eigentlichen *Transaktions-Analyse*). Auch unser angeborenes Bedürfnis nach Zuwendung (*Streicheln, Beachtung*) und die daraus resultierenden sozialen Abhängigkeiten (*Spiele, Symbiosen*) sowie der Umgang mit Gefühlen (*authentische Gefühle und Ersatzgefühle*) werden Themen dieses Buches sein. Ich werde Ihnen zudem verdeutlichen, wie die Erfahrungen unserer Kindheit zu bestimmten Ansichten über uns, die anderen und die Welt führen und damit eine Art Lebensplan bilden, der unser Denken, Fühlen und Handeln beeinflußt (*Skript, Skriptsystem*). Darüber hinaus will ich zeigen, wie alle bislang benannten Themen ein Teil diese Lebensplanes sind, und wie wir danach suchen, die Erfahrungen, die sich in diesem Plan niedergeschlagen haben, immer wieder neu zu bestätigen.

Neben dieser kleinen Vorausschau möchte ich den Raum dieses Vorwortes auch dazu nutzen, Ihnen einige wichtige Grundgedanken über die Einstellung zu anderen Menschen zu vermitteln, die die ethische Basis der Transaktionsanalyse darstellen, und die mir in der Arbeit mit meinen KlientInnen richtungsweisend geworden sind.

Ich gehe davon aus, daß alle Menschen – in unterschiedlichem Ausmaß – in ihrem Leben an bestimmten psychischen Beeinträchtigungen leiden. Dies bedeutet nicht, daß sie „krank" sind, sondern, daß sie gelegentlich oder auch häufiger weniger autonom, d. h. selbstbestimmt und situationsangemessen denken, handeln und/oder fühlen. Einschränkungen der Selbstbestimmung können z. B. darin bestehen, daß jemand nicht so frei spricht, wie er möchte, daß jemand grundlose Angst hat oder Konflikte mit dem Partner, obwohl er doch eigentlich Harmonie anstrebt. Die Schwere der Probleme kann bis dahin gehen, daß eine Person z. B. soviel Angst hat, daß sie nicht mehr arbeiten, eine andere sich ihren Mitmenschen nicht mehr verständlich machen kann oder sogar hospitalisiert werden muß, weil sie das Leben nicht mehr anders bewältigt. Dabei werden die Übergänge zwischen „gesund" und „krank" als fließend angesehen. Entsprechend sehen Transaktionsanalytiker schwere Störungen nicht von vornherein als unheilbar an.

Aus der Sicht der Transaktionsanalyse trägt die Möglichkeit, sich selber bestimmen zu können, in hohem Maße zur Lebensqualität bei. Transaktionsanalytische Arbeit kann dabei helfen, einige, mehrere oder viele Schritte auf dem lebenslangen Weg zu dieser eigenen Autonomie zu gehen.

Menschen, die zur Psychotherapie kommen, erleben ihre Einschränkungen unabhängig vom Schweregrad vielfach als Leiden, das sie nicht mehr ertragen können oder wollen. Manche kommen bereits in der Absicht, durch psychotherapeutische Arbeit etwas zu verändern. Andere halten einfach den Leidens-

14

druck nicht mehr aus und suchen „irgendeine" Hilfe. Für letztere bestehen therapeutische Schritte zunächst darin, Hoffnung zu erlangen, und erst dann im Anstreben einer Veränderung.

Die Überzeugung, daß ich genauso wertvoll bin wie jeder andere Mensch (und umgekehrt), bewirkt, daß ich mich mit Achtung für mein Gegenüber auf die unterschiedlichen Anliegen der KlientInnen einstelle und sie bei ihren (Veränderungs-)Prozessen begleite. Dabei habe ich kein vorgefertigtes Bild davon, wie ein Mensch am Ende einer Therapie „aussehen" sollte. Ja, ich weiß nicht einmal, wie sein Weg genau aussehen wird. Auf diesem Weg vertraue ich – ebenso, wie sonst im Leben – auf die Fähigkeiten eines Menschen, für sich selbst Verantwortung zu übernehmen und mit dieser Selbstverantwortung auch seinen/ihren Therapieprozeß zu gestalten. Das heißt nicht, daß die KlientInnen „alles allein tun müssen". Sondern ich traue ihnen zu, daß sie die Kraft in sich tragen, sich zu entwickeln und sich selbst zu bestimmen, und diese Kraft in Besitz nehmen und nutzen können.

Damit möchte ich allerdings vor blindem „Veränderungsoptimismus" warnen, der da lauten könnte: „Wenn du nur genügend willst, kannst du alles in den Griff kriegen, alle deine Einschränkungen überwinden und am Ende glücklich und problemlos leben." Vielmehr möchte ich dazu anregen, neben selbstbestimmten und sinnvollen Veränderungen auch das Annehmen des eigenen Geworden-Seins und das Akzeptieren des individuellen Lebensweges zu einem Thema in Beratung und Therapie zu machen. Denn neben dem Überwinden leidbringender Einschränkung besteht ein wichtiger Aspekt des „heil"-Seins in der wiedererlangten Fähigkeit, mit sich selbst immer wieder neu einig zu werden. Dazu ist die Auseinandersetzung mit dem eigenen Weg wesentlich und wichtig.

Am Beispiel der Therapiegeschichte von Peter H., der sich in einem Zustand befand, der allgemein als Depression bezeichnet wird, und dem Ehepaar Bärbel und Jochen J., die in einer ernsthaften Beziehungskrise steckten, als sie zur Behandlung in meine

15

Praxis kamen, werde ich in diesem Buch an Einzelfällen verdeutlichen, wie persönliche Einschränkungen aussehen und sich äußern, die mit Hilfe transaktionsanalytischer Konzepte und Techniken überwunden werden können, wo die Transaktionsanalyse aber auch Gefahren und Grenzen hat. Ich werde Ihnen dabei Einblick in meine Arbeit geben und hoffe, daß ich am Ende vielleicht Ihre Neugier dafür geweckt habe, wie Ihnen eine transaktionsanalytische Therapie oder Selbsterfahrung „schmecken" könnte.

Verträge, Diagnosen und Skizzierung möglicher Therapieverläufe

Peter H.

P. H. kommt zum Erstgespräch, weil er über seine Schlafstörungen besorgt ist. Er ist 32 Jahre alt, nicht verheiratet und von Beruf Lehrer an einer berufsbildenden Schule. Er fühlt sich insgesamt sehr erschöpft und niedergeschlagen, kann jedoch nur schwer einschlafen und schläft dann höchstens 4 Stunden.

Objektiv gesehen sei er in der Schule erfolgreich, die jungen Erwachsenen schätzten ihn, aber er selbst habe ständig den Eindruck, nicht genug zu tun, sich zu wenig vorzubereiten und nicht auf dem neuesten Stand zu sein. Wenn er nachts nicht einschlafen kann, wird er von Fantasien „überfallen", in denen der Schulleiter oder Schulrat unangemeldet einen Unterrichtsbesuch machen und über seine Schwächen entsetzt sind. In diesem Zusammenhang machen ihm dann die Schlafstörungen besondere Angst, da er fürchtet, auf die Dauer nicht mehr leistungsfähig zu sein.

P. H. lebt zur Zeit allein und meint, daß er über die Trennung von seiner Freundin ganz gut „hinweg" sei. Er habe 5 Jahre mit ihr zusammengelebt. Dann habe sie sich in einen anderen Mann verliebt. Das sei ihm nach wie vor unverständlich, da er sich sehr um sie bemüht habe, z. B. im Zusammenhang mit ihrer Diplomarbeit. Sie hätte ihm auch immer signalisiert, wie sehr sie dies schätze. Im Augenblick habe er kein Interesse an Frauen, lebe sehr zurückgezogen und nehme außerhalb der Schule kaum von sich aus Kontakt mit anderen Menschen auf. Ab und zu besuche er seine jüngere Schwester und deren Familie. Seine Mutter lebe im Altersheim nahe der Schwester. Er besuche sie ab und zu. Der Vater sei gestorben, als er gerade das Studium begonnen habe.

Insgesamt erlebt er sich „wie abgestorben" und außer den Ängsten, die seine Leistungen betreffen, wie dumpf und gefühllos.

Seine Kindheit ist nach seiner Schilderung problemlos verlaufen. Es hätte z. B. nie Schulschwierigkeiten gegeben. Die Familie habe in gesi-

cherten materiellen Verhältnissen gelebt (Mutter Hausfrau, Vater Bankbeamter). Seines Wissens sei er auch ein Wunschkind gewesen.

Auf meine Frage, ob er sich denn erinnern könne, woher sein besonderer Leistungsanspruch käme, erinnert er sich an die hohen Leistungsanforderungen seines Vaters, der – selbst sozialer Aufsteiger – schon im Kindergartenalter das Studium seines Sohnes vorplante. Beim Stichwort „Kindergarten" erinnert er, daß die Mutter „irgendwann noch vorm Kindergarten" sehr lange (vermutlich mehrere Monate) im Krankenhaus lag, da die Geburt der jüngeren Schwester sehr komplikationsreich war. Er erinnert nicht mehr genau, wer ihn in dieser Zeit versorgte (er vermutet irgendwelche Verwandte), weiß jedoch, daß die Mutter nach dem Krankenhausaufenthalt immer kränklich und häufiger ruhebedürftig war.

Ich erlebe Peter H. in unserem ersten Gespräch gleichzeitig angespannt und müde. Er sitzt leicht nach vorn gebeugt, eher an der Kante des Sessels, als daß er sich zurücklehnt. Seine Stimme ist leise, und er nimmt sehr wenig Blickkontakt mit mir auf. Dabei atmet er wenig tief. Es ist, als dürfe die Luft nicht bis in seinen Bauch vordringen. Insgesamt wirkt er gleicherweise apathisch wie angespannt.

Ich habe mit Peter H. zunächst 5 diagnostische Gespräche geführt. Am Ende des letzten Gesprächs vereinbaren wir, daß er in Zukunft an einer Therapiegruppe teilnehmen wird, die einmal in der Woche stattfindet, 2 Stunden dauert und 8 Teilnehmer hat.[1] Darüber hinaus legen wir das Honorar fest und besprechen, daß Peter H. generell zu jeder Sitzung kommen und, sei er ausnahmsweise einmal verhindert, persönlich absagen muß. Außerdem bitte ich ihn, mir nach jeder Sitzung einen kurzen Bericht über sein Erleben und seine Erfahrungen in der Sitzung zuzusenden. Durch dieses – nicht bei allen Transaktionsanalytikern

---

1 Ich entschied mich für die Gruppentherapie zum einen, weil ich differential-diagnostisch sowohl eine sehr schwere Persönlichkeitsstörung als auch eine Störung aus dem psychotischen Formenkreis ausschließen konnte. Mit Personen, die diese Beeinträchtigungen zeigen, arbeite ich – soweit dies ambulant möglich ist – in Einzelsitzungen. Zum anderen stellte ich einen Gruppenplatz bereit, um den erheblichen Mangel an sozialen Kontakten des Klienten zu verändern.

übliche – Verfahren kann ich überprüfen, ob Peter H. das erlebt hat, was meinen Annahmen entspricht, oder ob ich diese ändern muß.

Ich meinerseits erkläre ihm, daß ich mein Wissen und Können, meine Energie und meinen Schutz zur Verfügung stellen werde, um ihn auf seinem Weg zu begleiten.

Außerdem legen wir ein Ziel für die gesamte Therapie fest. D. h., wir schließen einen vorläufigen Langzeitvertrag ab. Für Peter H. lautet er: „Ich will meine Schlafstörungen überwinden und mich lebendig fühlen."

Sowohl der Vertrag über die Bedingungen der Therapie als auch die Festlegung eines Zieles sind wichtige transaktionsanalytische Methoden. Ersterer dient dazu, sich nicht in ungute gegenseitige Abhängigkeiten – die manchmal gar nicht offen zutage treten – zu begeben (sog. Spiele, s. S. 66), letzteres, um ein klares Ziel bzw. Thema vor Augen zu haben, an dem sich KlientIn und TherapeutIn orientieren können. Die Verträge in sich stellen bereits Veränderungsschritte in Richtung Autonomie dar, da der/die KlientIn zum erwachsenen Nachdenken über sich selbst aufgefordert und zur Selbstverantwortlichkeit ermutigt wird.

Allerdings finden nicht alle KlientInnen das Ziel ihrer Therapie im Sinne eines Vertrags so problemlos wie Peter H.. Und das ist auch nicht notwendig. Wie schon im Vorwort erwähnt, kommt eine Anzahl von KlientInnen nur mit einem Unbehagen, Unglücklich-Sein oder Leiden. Diese Personen müssen entweder erst ein Gespür dafür entwickeln, in welche Richtung sie sich verändern möchten, oder aber überhaupt erst einmal erfahren, daß man sich Ziele für seine persönliche Entwicklung setzen kann. Und wieder andere erarbeiten zuerst den Zusammenhang zwischen psychosomatischen Erkrankungen, wie z. B. einem Magengeschwür, dessentwegen sie vom Arzt überwiesen worden sind, und psychischen Gegebenheiten, bevor sie einen Vertrag machen bzw. ein Therapieziel festlegen. Zudem ist es für eine Großzahl von KlientInnen, hauptsächlich solche, deren Beeinträchtigungen in der frühen Kindheit begründet wurden, anfangs auch viel wichtiger, einfach nur dasein zu können, sich angenommen zu fühlen und Vertrauen zu entwickeln. Das heißt, hier ist es sinnvoll, ein genaues Therapieziel erst sehr viel später zu bestimmen.

Bei Peter H. habe ich zu diesem Zeitpunkt einige vorläufige diagnostische Überlegungen, die ich in der zukünftigen Arbeit ergänzen, ändern, untermauern oder verfestigen werde:
Am deutlichsten ist seine übermäßige Anstrengungs- und Leistungsbereitschaft, die starken innerpsychischen Druck bewirkt. Weiterhin schildert er Angst als vorherrschendes Gefühl. Ich vermute jedoch, daß es neben dieser Angst auch Trauer und Ärger gibt, Gefühle, zu denen er im Augenblick noch keinen Zugang hat. Auch in seinem Wert scheint er sich anderen gegenüber unterlegen zu fühlen. Es ist deutlich, daß er durch seinen sozialen Rückzug zuwenig Zuwendung erhält. Darüber hinaus sehe ich, daß „Trennung" ein wichtiges Thema für ihn ist: Es gibt eine frühe Trennung von der Mutter und jetzt hat sich seine Freundin von ihm getrennt. Da er in den Sitzungen wenig Gefühle zeigt und er sich ja auch selbst wie „dumpf und gefühllos" schildert, vermute ich, daß ihm der Umgang mit seinen Gefühlen schwerfällt und daß die Ursache dafür vielleicht mit dem Thema Trennung zu tun hat. Bei diesen Überlegungen hüte ich mich vor globalen Zuschreibungen wie z. B. „depressive Persönlichkeitsstruktur", sondern ich lerne die Welt des Patienten und die Welt seines Erlebens immer besser kennen und schaue, ob ich einiges von dem, was P. H. mit mir bespricht, mit transaktionsanalytischen Konzepten erklären kann. Das heißt, ich schaue, welche Elemente seines Lebensplanes (seines Skriptes) ich beispielsweise bereits jetzt erkennen und wie mir dieses Wissen für die weitere Zusammenarbeit nützlich sein kann.

Beispielhafte Elemente solcher Lebenspläne – und deren individuelle Ausprägungen bei Peter H. – werden Sie in diesem Buch als sog. „Grundkonzepte der Transaktionsanalyse" beschrieben finden. Die Abfolge, in der diese Grundkonzepte dargestellt sind, entspricht in groben Zügen dem Verlauf einer Therapie bei vielen TransaktionsanalytikerInnen: Vom Kennenlernen der eigenen Person geht es zu einem Lernen darüber, wie man zusammen mit anderen reagiert und ob diese Reaktionsweisen das Ergebnis haben, das die Person sich wünscht, bzw., was gegebenenfalls zu Veränderungen dieser Reaktionsweisen führen kann. Bei vielen KlientInnen, z. B. bei Personen mit einer Leistungsstörung, kann die Therapie nur die Veränderung dieses Bereiches beinhalten und muß keine weiteren Teile des Lebensplanes umfassen.

Sind Veränderungen im Hier und Jetzt dagegen nur sehr mühsam zu erreichen oder nur kurz anhaltend, so lernen die KlientInnen, in ihre Kindheit zurückzuschauen und zu erinnern, welche Bedingungen zu jenen frühen Entscheidungen führten, die ihre Lebensplanung und damit heutiges Unbehagen, Leiden oder Verzweiflung bedingen. Die Bewußtmachung dieser Entscheidungen und sog. Neuentscheidungen, die durch die verschiedensten Wege, zu denen der/die TherapeutIn anleitet, erreicht werden können, gehören dann in die fortgeschrittene Therapie. Den Abschluß der Therapie dagegen stellt häufig die Auseinandersetzung mit der Zukunft dar. Die KlientInnen fragen sich, wie sie in Zukunft, nach der intensiven Auseinandersetzung mit sich selbst, leben wollen.

Diese Reihenfolge ist keine Bedingung, sondern sie ergibt sich meiner Erfahrung nach häufig wie von selbst, wenn ich mich an den Bedürfnissen und aktuellen Themen orientiere, die die KlientInnen in die Therapie einbringen. Mit meiner Sichtweise des Therapieverlaufs repräsentiere ich allerdings hier jenen Teil transaktionsanalytischer TherapeutInnen, die eher tiefenpsychologisch orientiert arbeiten. Eine große Anzahl von TransaktionsanalytikernInnen arbeitet z. B. unter Einbeziehung systemischer Konzepte ebenso erfolgreich mehr oder ausschließlich im Hier und Jetzt.

Das Ehepaar Bärbel und Jochen J.

Bärbel (32 Jahre) und Jochen (36 Jahre) wenden sich an mich, weil sie sich in einer tiefen Beziehungskrise erleben. Sie sind erschrocken und entsetzt über sich selbst, weil sie im vergangenen Monat eine tätliche Auseinandersetzung hatten. Anlaß dazu war ein Streit zum Thema Sexualität, weil es nur im Abstand von vielen Wochen jeweils zu einer intimen Begegnung kommt.

B. und J. sind seit 5 Jahren verheiratet und haben eine sechsjährige Tochter, die der Anlaß zur Eheschließung war und an der heute beide sehr hängen. Bärbel ist Drogistin, halbtags berufstätig, Jochen kaufm. Angestellter. Sie lernten sich als Nachbarn kennen, als Bärbel in das Appartmenthaus einzog, in dem Jochen schon wohnte. Jochen bot beim Einzug handwerkliche Hilfe an, die Bärbel gern annahm. Aus diesen Begegnungen entwickelte sich dann eine Liebesbeziehung, die am Anfang harmonisch war, jedoch bereits nach wenigen Monaten Spannungen beinhaltete. Die Eheleute führen dies auf die frühe, ungewollte Schwangerschaft zurück.

Jochen J.

Jochen fühlt sich auch heute noch allein verantwortlich für die Schwangerschaft, da er nicht, wie vereinbart, „aufpaßte". Er erlebt sich sehr bemüht um seine Frau und die Tochter. Er hilft viel im Haushalt und beschäftigt sich in seiner Freizeit mit dem Kind. Bei all seiner Bemühtheit kann er nicht verstehen, wieso seine Partnerin sich immer wieder von ihm zurückzieht und seinen Zärtlichkeiten ausweicht. Bei der erwähnten Auseinandersetzung um Sexualität sei ihm „die Sicherung durchgebrannt", und er habe zugeschlagen. Er schämt sich sehr für sein Verhalten und möchte es am liebsten ungeschehen machen.

Jochen ist der Älteste von 3 Kindern und stand schon als 12jähriger dem elterlichen Haushalt vor. Seine Mutter sei liebevoll und gütig gewesen, der Vater ein „Hallodri", der viel in Gaststätten gesessen und sich mit Frauen „rumgetrieben" habe. Was wirklich gewesen sei, habe er nie erfahren, da der Vater an einem Hirntumor verstarb, als er 17 Jahre alt war, und er bis dorthin immer nur Andeutungen seiner Mutter gehört habe. Für diese sei er eine große Stütze gewesen, sowohl bei konkreten Arbeiten im Haushalt und der Beaufsichtigung der jüngeren Geschwister als auch als Gesprächspartner für ihre Sorgen. Häufig saß er abends mit ihr in der Küche und redete mit ihr. Sein Ziel war es dabei, daß sich Mutter von Vater trennen sollte. „Ich erreichte das jedoch nie und wunderte mich immer, warum sie doch jedesmal wieder freundlich zu ihm war, wenn er nach Hause kam."

Bärbel J.

Bärbel fühlt sich in der Beziehung zu Jochen „eingeengt", obwohl sie nichts nennen kann, was sie wirklich stört. Sie fühlt ein dumpfes Unbehagen und will sich am liebsten in sich selbst zurückziehen. Manchmal sei sie auch ganz trotzig und zwar gerade dann, wenn Jochen besonders viel für die Familie getan habe. Sie sieht diesen Zusammenhang und findet dafür keine Erklärung. Ebenso unerklärlich sind ihr gelegentliche Wutausbrüche gegenüber der Tochter, für die sie sich anschließend schämt. Häufig hat sie Kopfschmerzen oder fühlt sich müde und schlapp.

Bärbel ist das mittlere von 3 Kindern. Das familiäre Milieu war geprägt durch einen großen Hotel- und Gaststättenbetrieb, den beide Eltern leiteten. Die Ehe der Eltern erlebte sie als äußerst angespannt. Es sei sehr oft nachts zu lauten Wortwechseln gekommen. Der sonst eher wortkarge Vater habe sich schon bei kleinsten Anlässen sehr über die Kinder geärgert und dann laut gebrüllt. Die Mutter versuchte, solchen Verhaltensweisen, die den Vater ärgern konnten, vorzubeugen, indem sie die Kinder immer wieder mit Hinweisen auf seinen Jähzorn zur Zurückhaltung mahnte. Andererseits erinnert sich Bärbel, daß der Vater sie häufig mitnahm, wenn er Kollegen in Nachbarorten aufsuchte und dort einkehrte. Sie habe sich dann ganz wohl gefühlt und fühle noch heute ihren Stolz darauf, bei den Erwachsenen sitzen zu dürfen. Die Mutter sei sehr oft müde und mit sich selbst beschäftigt gewesen, den

Gästen gegenüber jedoch immer sehr freundlich und zugewandt. „Ich wußte nie, ob ich meine Mutter mit dem Hotel- oder dem Familiengesicht wiedersehen würde, und die beiden waren sehr unterschiedlich."

Wir vereinbaren Einzelsitzungen in vierzehntägigem Abstand für den Anfang und später dann ein Überwechseln in eine Paargruppe.[2] Die äußeren Rahmenbedingungen werden ansonsten genauso festgelegt wie bei Peter H..

Auch bei Bärbel und Jochen habe ich nach den ersten Gesprächen Annahmen über die spezifischen Probleme der beiden und insbesondere über das gegenseitige „sich verhaken", was die Spannungen nach und nach zur Beziehungskrise eskalieren ließ: Es wurde deutlich, daß Jochen zur Überfürsorge neigt und sich seiner Partnerin gegenüber eher väterlich verstehend, ich vermute jedoch, auch einengend und durch Ratschläge bestimmend verhält. Vermutlich bezieht er aus dieser Hilfe seinen persönlichen Wert. Er scheint dabei weniger auf eigene Bedürfnisse zu achten und zentriert sich sehr auf Bärbel. Dies scheint seinem kindlichen Verhalten seiner Mutter gegenüber sehr ähnlich. Obwohl der Anlaß zur Therapie in einer aggressiven Handlung bestand, vermutete ich, daß er wenig Zugang zu seinem Ärger hat und sich insgesamt sehr bemüht, ein „anständiger" Ehemann und Vater zu sein und nicht so ein „Hallodri" wie sein eigener Vater.

Bärbel scheint sich in der Beziehung häufig wie ein Kind zu verhalten und sich als Schutz in sich selbst zurückzuziehen. Die Ursache dafür mögen die vielfältigen Unsicherheiten sein, die sie in der Kindheit erlebt hat. Ich vermutete, daß sie versucht hat, diese Unsicherheiten durch Überanpassung zu bewältigen, und daß sie gleichzeitig gegen diese Überanpassung rebelliert. Aus der Art und Weise, wie sie ihre Probleme schildert, entnehme ich, daß sie manchmal Schwierigkeiten hat, klar zu denken. Weiterhin ahne ich, daß sich Bärbel gerade durch Jochens Überfürsorge in die Überanpassung im Sinne von „brav sein" gedrängt

---

2　Ich bevorzuge bei Paaren zuerst Einzelsitzungen, damit einerseits ich das Wesen ihrer Beziehung besser verstehen lerne und andererseits sie sich in Ruhe und Ausführlichkeit neue Kommunikationsbedingungen schaffen können. Die spätere Gruppenteilnahme ist sinnvoll, um von anderen Paaren am Modell zu lernen und von anderen Personen, die ebenfalls in festen Partnerschaften leben, Rückmeldung zu den persönlichen Konflikten zu bekommen.

fühlt und dann rebellisch wird. Im daraus resultierenden Konflikt wird beiden vermutlich immer wieder deutlich, daß sie es sich gegenseitig nicht „recht" machen können.

Wie sich diese vorläufigen Annahmen erhärten und wie sie in den Elementen der jeweiligen Lebenspläne deutlich werden, werde ich ebenso wie bei Peter H. im Zusammenhang mit den theoretischen Grundkonzepten vorstellen. Anfänglich wird die Abfolge der therapeutischen Themenbereiche wahrscheinlich ähnlich der bei Peter H. sein. Allerdings werden zusätzlich die spezifische Kommunikationsstruktur in der Beziehung und die gegenseitige Abhängigkeit Thema sein.

Inwieweit es dann noch nötig sein wird, frühkindliche Erlebnisse durchzuarbeiten, wird der Verlauf der Therapie zeigen. Denn diese zentriert sich hier nicht wie bei Peter H. auf eine umfassende Veränderung der Lebenspläne, sondern auf eine Verbesserung der Beziehung. Sollte aus der gemeinsamen Arbeit bei einem von beiden oder bei beiden der Wunsch entstehen, noch weitere Aspekte ihres Lebens anzuschauen, so müßte der Langzeitvertrag im Laufe der Therapie geändert werden.

Bis jetzt heißt der Vertrag: „Wir wollen lernen, uns nahe zu sein und dabei Konflikte konstruktiv lösen." Diesen Vertrag haben beide miteinander formuliert und in diesem Miteinander einen ersten zaghaften Schritt zu einer neuen Kommunikation hin getan. Wichtig ist dabei eine vorangegangene Klarstellung, daß sie sich auf keinen Fall trennen wollen[3]. Außerdem vereinbare ich bereits in der zweiten Sitzung einen Vertrag, keine Gewalt anzuwenden, unabhängig von der Heftigkeit eines Streites[4]. Ebenso hatte jeder der beiden Partner individuell entschieden, etwas bei sich und in der Beziehung verändern zu wollen.

---

3   Hätte das Paar Zweifel an einem weiteren gemeinsamen Leben, könnte ein Vertrag z. B. lauten: „Wir wollen herausfinden, ob wir noch miteinander leben wollen."

4   Dieser Vertrag ist notwendig, um die Energie aus der Eskalation abzuziehen und die Eigenverantwortlichkeit für klares Denken zu fördern.

Grundkonzepte der Transaktionsanalyse

Unter den Grundkonzepten der Transaktionsanalyse verstehen wir Ideen und Modelle, mit denen TransaktionsanalytikerInnen Verhalten, Denken und Fühlen eines Menschen beschreiben, erklären und verstehen wollen. Ein solches Modell kann niemals die ganze Wirklichkeit erfassen oder erklären. Es ist lediglich ein Beschreibungsinstrument, das uns helfen kann, zu verstehen, das aber niemals die Wirklichkeit selber ist. Insofern kann man mit Hilfe einzelner Konzepte oder Modelle manchmal partiell, manchmal umfassend Aspekte des „So-Seins" und des „So-Geworden-Seins" eines Menschen nachvollziehen, niemals aber eine Person in der Vollständigkeit ihrer Individualität wiedergeben.

Ich bitte Sie als Leser, alle nachfolgenden Grundkonzepte mit dieser Vorsicht aufzunehmen.

Die Ich-Zustände[5]

Ich vermute, daß viele von Ihnen, ohne es zu wissen, bereits Erfahrungen mit jenem Phänomen gemacht haben, was nun als „Ich-Zustände" beschrieben wird. Kennen Sie jemanden, der Ihnen einmal denkend, rational und problemlösend begegnet und ein anderes Mal wie ein trotziges Kind oder ganz von „oben" herab wie ein patriarchischer Vater, oder erleben Sie sich selbst manchmal so unterschiedlich? Dann haben Sie bereits erfahren, daß wir alle verschiedene Anteile in unserer Person haben, aus denen heraus wir denken, fühlen und handeln können.

---

5   Wann immer im folgenden Verlauf des Buches von Ich-Zuständen gesprochen wird, ist also analog den vorangegangenen Ausführungen ein Modell gemeint, durch das bestimmte, beobachtbare Verhaltens-, Denk- und Fühlweisen beschrieben werden können.

Eric Berne, der Begründer der Transaktionsanalyse, ordnete diese unterschiedlichen Möglichkeiten des Verhaltens mit den dazugehörigen Gedanken und Gefühlen nach dem Gesichtspunkt, ob sie eher kindhaft, eher erwachsen oder eher elternhaft ausgeprägt sind, und bezeichnete ein solches Bündel von Haltungen, zusammengehörigen Gedanken, Gefühlen und Verhaltensweisen als einen Ich-Zustand. Die Gesamtheit einer Person beschrieb er mittels eines Modells von drei unterschiedlichen Ich-Zuständen.

Berne nahm an, daß sich Haltungen, Verhalten, Gedanken und Gefühle, die von den Eltern oder anderen Autoritäten übernommen werden, später im Verhalten der Person „als elternhaft" beobachten lassen, und nannte dieses Bündel „Eltern-Ich-Zustand". Dazu gehören häufig Normen, wie z. B. das Tragen eines konservativen Anzuges für männliche Angestellte in einem großen Industrieunternehmen, Werte, wie z. B. Achtung vor Mitmenschen, oder auch – manchmal einschränkende – Haltungen, wie z. B. „Geld ist sicherer als Liebe". Ebenso können in diesem Persönlichkeitsanteil auch komplexe Verhaltensmuster gespeichert sein. Eine Frau kann z. B. die Art und Weise, wie sie mit Männern umgeht, als gesamtes Verhaltensmuster von ihrer Mutter in ihr Eltern-Ich übernommen und dort abgespeichert haben.

Analog dazu benannte Berne die „als kindhaft" beobachtbaren Anteile „Kind-Ich-Zustand". Dabei ging er davon aus, daß aus der Kind-Ich-Haltung heraus Verhalten, Gedanken und Gefühle gelebt werden, die eine Person früher einmal hatte, die so sind, wie die Person früher einmal war. Dem Kindheits-Ich wurden unsere ursprünglichen, ganz archaischen Anteile, mit denen wir spontan, lebhaft, impulsiv, gerade so wie Kinder sind, ebenso zugeordnet wie jene Verhaltensweisen, mit denen wir uns an unsere Umwelt angepaßt haben. D. h., hier kommen alle die Erfahrungen zum Tragen, die man als Kind im Zusammenhang mit anderen Menschen und der Umwelt gemacht hat.

Als „erwachsene" Haltung definierte er jene Verhaltensweisen, Gedanken und Gefühle, die er als direkte Antwort auf das, was wir in unserem Inneren und unserer Umwelt gerade erleben, ansah. Berne bezeichnete diese in seinem Modell als „Erwachsenen-Ich-Zustand". Problemlösende Verhaltensweisen werden diesem Ich-Zustand ebenso zugerechnet wie das Auffinden von Wegen zur Bedürfnisbefriedigung. Da das vom Erwachsenen-Ich geleitete Reagieren überwiegend durch analytisch-logisches Denken bestimmt wird, wurde das Handeln aus diesem Ich-Zustand häufig mit einem „Computer" verglichen. Dieser „entseelte" Begriff wird jedoch jenen Anteilen des Erwachsenen-Ich-Zustands nicht gerecht, mit denen wir ethische Prinzipien, wie z. B. Verantwortungsbewußtsein, Wahrheit und Verantwortlichkeit leben, oder mit denen wir uns in empathischer Weise anderen Menschen zuwenden und sie verstehen.

Abb. 1: Das Struktur-Modell der Ich-Zustände

---

6   Die Abkürzungen EL, ER und K werden im Text dort benutzt, wo ich mich aus Platzgründen relativ kurz halten muß.

Um die mit dem Modell der Ich-Zustände beschriebenen Haltungen bei uns oder auch anderen Personen zu erkennen, können wir auf die Worte, den Ton, die Gesten, die Körperhaltung oder den Gesichtsausdruck eines Menschen achten. Wenn wir auf diese Weise die Inhalte der Ich-Zustände in ihrer Entfaltung beobachten, sie sozusagen „in Funktion" erleben, sprechen wir im Modell der Transaktionsanalyse von einer Funktionsanalyse. Aus diesem Blickwinkel werden andere typische Zustandsbilder und Haltungen sichtbar, mit denen Personen beschrieben werden können. Ihre Kennzeichnung entspricht dem sog. Funktionsmodell:

Abb. 2: Funktionsmodell

Kritischer Eltern-Ich-Zustand (kEL): konstruktiv sichtbar durch kritische und destruktiv sichtbar durch überkritische Verhaltensweisen.

Fürsorglicher Eltern-Ich-Zustand (fEL): sichtbar durch konstruktiv fürsorgliche sowie destruktiv überfürsorgliche Verhaltensweisen.

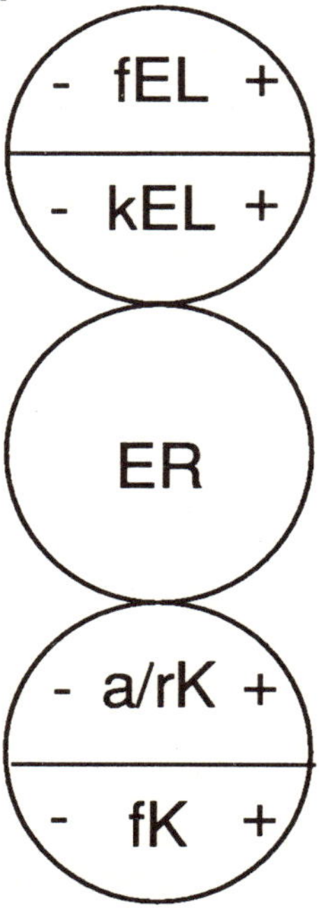

Erwachsenen-Ich-Zustand (ER): sichtbar durch sachlich klare, beobachtende, analysierende Verhaltensweisen.

Angepaßter Kind-Ich-Zustand (aK): konstruktiv sichtbar durch sinnvolle sozial-angepaßte Verhaltensmuster sowie destruktiv sichtbar durch Überanpassung und unangemessene Rebellion.

Freier Kind-Ich-Zustand (fK): konstruktiv sichtbar durch gefühlvolle, lustige Verhaltensweisen, destruktiv sichtbar durch rücksichtslos, gefährdende Verhaltensweisen.

Einerseits läßt sich eine fürsorgliche Seite des Eltern-Ich-Zustands wahrnehmen, die konstruktiv (+) eingesetzt werden kann. „Mach doch mal Pause", „Du darfst dich ernst nehmen", „Gönn' dir was", könnten Sätze sein, die man hört, wenn eine Person aus dieser fürsorglichen Eltern-Haltung heraus spricht. Die Stimme dieser Person ist dann liebevoll oder tröstlich, Interesse an der angesprochenen Person läßt sich spüren, mit dem Körper neigt sich diese Person der anderen entgegen. Insgesamt zeigt sich eine Person aus diesem Persönlichkeitsanteil heraus verstehend, sorgend und gebend. Destruktiv (-) kann diese Haltung zur Entfaltung kommen, wenn übertrieben fürsorgliche und damit andere Menschen bedrängende Verhaltensmuster gezeigt werden. Wenn z. B. mit süßlicher Stimme darauf hingewiesen wird, daß die Jugendliche, die gerade in die „Disco" gehen will, sich doch bitte nicht überanstrengen soll, so kann das ein Anzeichen für die Negativausprägung des fürsorglichen Eltern-Ich-Zustandes sein.

Andererseits läßt sich eine kritisch-einschränkende Seite der Eltern-Haltung beobachten. Diese kann sich schützend auswirken, wenn damit z. B. Grenzen gesetzt werden oder vor Gefahr bewahrt wird (+). Wenn mit fester Stimme darauf hingewiesen wird, daß im Haus nicht geraucht werden soll, oder wenn ich meinen Töchtern sage: „Bei Schnee wird eine Mütze aufgesetzt und damit basta!", dann sind dies Verhaltensmuster, die dem positiv-kritischen Eltern-Ich-Zustand zugerechnet werden. In der Negativausprägung zeigt sich dieser Persönlichkeitsanteil als eine ablehnende, vorwurfsvolle und hemmende Kraft (-). Der mit kritisch-herablassender Stimme gesagte Satz: „Was du machst, ist ja lächerlich!", oder: „Du hast zu tun, was man dir sagt!", gesprochen mit einer lauten, ärgerlichen Stimme, dabei die Hände in die Hüften gestemmt oder den Zeigefinger „aufspießend" auf jemanden gerichtet, dies alles sind Ausdrucksweisen aus dem negativ-kritischen Eltern-Ich-Zustand. Insgesamt zeigt sich eine Person aus diesem Ich-Zustand heraus moralisierend, richtend und autoritär.

Analog der Eltern-Haltung können wir auch dann, wenn sich die kindhafte Haltung entfaltet, unterschiedliche Muster von Denken, Fühlen und Verhalten wahrnehmen:

Zum sog. „freien Kind-Ich-Zustand" (fK) ordnen wir jene Verhaltensmuster zu, mit denen sich eine Person spontan und frei, sozusagen wie ein Kind, ohne kritische „Aufsicht der Eltern" verhält und dabei kreativ und energievoll ist. Die positive Ausprägung (+) dieses Persönlichkeitsanteils zeigt sich in furchtlosem, neugierigem, sinnesfreudigem, zutraulichem und klugem Verhalten, mit dem man das Leben bereichern kann. Wenn jemand mit einer entspannten Körperhaltung glücklich lacht und sagt: „Oh Mann, hat das Spaß gemacht!", so zeigen sich ebenso Verhaltensmuster des freien Kind-Ich-Zustandes wie in einer heftigen nicht ganz angemessenen Enttäuschung darüber, daß eine Veranstaltung, auf die man sich „ja so gefreut" hatte, ausfällt. In der Negativausprägung (-) kann sich eine Person aus diesem Ich-Zustand heraus auch rücksichtslos oder sogar grausam zeigen und damit die Gesamtperson gefährden, wenn sie z. B. auf einer vollen Autobahn gefährliche Überholmanöver durchführt, um dabei einen Nervenkitzel zu erleben.

Dem „angepaßten" oder „reaktiven Kind-Ich-Zustand" sind jene Reaktionsmuster zugeordnet, die sich durch die Auseinandersetzung mit den Anforderungen und den Zuwendungsmustern der Erziehungspersonen entwickelt haben. Diese Reaktionsmuster können „brav" und angepaßt oder gegen Anforderungen trotzend und rebellisch sein. Positiv (+) zeigt sich das Verhalten dieser Kategorie, wenn jemand Erwartungen erfüllt, die ihm selbst nützlich sind, z. B. mit Freude eine gute Leistung vollbringt. Einschränkend (-) zeigt es sich, wenn eine Person z. B. meint, die (vermeintlichen) Anforderungen der anderen erfüllen zu müssen, jedoch unter der Last zusammenbricht und krank wird. Ebenso können wir auf diesen Ich-Zustand schließen, wenn sich jemand weinerlich und unangemessen entschuldigend äußert, dabei die Augen gesenkt hält und die Schultern hängen läßt. In der trotzig rebellischen Ausprägung kann eine

Person aus lauter Rebellion eigene Vorteile außer acht lassen bzw. Formen negativer Zuwendung (s. S. 53) heraufbeschwören. Der mit gespannten Schultern und geballten Händen hervorgebrachte Satz: „Ich laß mir nicht von anderen helfen, selbst wenn ich dabei draufgehe", ist der rebellischen Haltung ebenso zuzuordnen wie der wütend-trotzige Ausruf eines Kindes: „Dann mach' ich eben gar keine Schularbeiten!"

Eine besondere Kategorie kindhaften Denkens, Fühlens und Verhaltens beschreibt Eric Berne als den „kleinen Professor". Diese von ihm nicht dem Funktionsmodell zugeordnete Haltung entfaltet sich in Empfindungen und Verhaltensweisen, die mit Intuition und Neugier zu tun haben, Fähigkeiten mit denen wir als Kinder spüren, wie wir in unserer Umwelt am besten unsere Bedürfnisse befriedigen können. Als Erwachsene hilft uns dieser Persönlichkeitsanteil, z. B. Stimmungen oder „daß etwas in der Luft liegt" wahrzunehmen.[7]

Der Erwachsenen-Ich-Zustand wird im Funktionsmodell nicht weiter differenziert. Diese Kategorie läßt sich beobachten, wenn Menschen sich interessiert, beobachtend oder analysierend verhalten. Die Augen sind wachsam, das Gesicht hat einen offenen Ausdruck, Fragen werden mit einer aufrechten Körperhaltung gestellt. „Nach Lage der Dinge werde ich meinen Urlaub um einen Monat verschieben", ist eine Aussage aus einer erwachsenen Haltung, ebenso wie: „Ich brauche jetzt Ruhe, um morgen wieder fit zu sein."

Welchem Ich-Zustand wir unser Handeln gerade selber zuordnen können, erkennen wir, wenn wir in uns hineinhören und feststellen, ob wir uns z. B. so wie gerade eben ganz oft und ganz früh erlebt haben (Kind-Ich-Zustand), oder ob wir uns wahrnehmen „als ob Mutter jetzt gesprochen hätte" (Eltern-Ich-Zustand),

---

7 Mit der Erwähnung des „kleinen Professors" beziehe ich mich auf ein weiteres in der Transaktionsanalyse benutztes Persönlichkeitsmodell, die Strukturanalyse 2. Ordnung. Ihre genauere Darstellung würde den Rahmen dieses Buches sprengen.

oder, ob wir uns im Kontakt mit uns und der Umwelt im Hier und Jetzt empfinden (Erwachsenen-Ich-Zustand).

Alle Haltungen sind notwendig und sinnvoll. Alle Haltungen zusammen bilden die Ganzheit einer Person. TransaktionsanalytikerInnen gehen davon aus, daß diese Ganzheit von psychischer Energie[8] (Cathexis) belebt wird, mit der ein oder mehrere Ich-Zustände besetzt werden können oder, anders ausgedrückt, aus der heraus eine oder mehrere Kategorien von Denken, Fühlen und Handeln sichtbar werden. Eine „ideale autonome Persönlichkeit" könnte ihre psychische Energie je nach den Gegebenheiten im Hier und Jetzt (eigene Befindlichkeit, Umweltbedingungen, gewählte Handlung) entsprechend flexibel von einem Ich-Zustand in jeden anderen fließen „lassen", d. h., durch ihre Energie jeweils die Haltung aktivieren, die gerade notwendig ist, um ein Problem zu lösen, ein Bedürfnis zu befriedigen oder sonst einen angenehmen Zustand hervorzurufen. Uns „normalen" Menschen gelingt dieser Umgang mit uns selbst jedoch nicht immer. Denn in unserer Anpassungsfähigkeit und -notwendigkeit haben wir als Kinder gelernt, bevorzugt jene Verhaltensmuster zu entwickeln und jene Haltungen zu aktivieren, auf die die Menschen in unserer Umwelt mit positiver oder negativer Beachtung, Liebe, Fürsorge oder Schutz reagierten oder durch die wir uns selbst schützen konnten. Als Erwachsene aktivieren wir dann in Situationen, die wir als belastend empfinden, in denen wir müde und erschöpft sind oder einfach Zuwendung brauchen, leicht die Inhalte jener Ich-Zustände, mit denen wir früher die Zuwendung anderer Menschen erreichten. Auf diese Weise laden wir andere Menschen dazu ein, sich uns gegenüber gerade so zu verhalten, wie wir unsere Mitmenschen als Kinder erlebt haben. Dabei schränken wir zwar unseren Handlungsspielraum ein, erleben uns jedoch in gewisser Weise als „sicher".

---

8 Das Energiekonzept ist insgesamt wesentlich umfangreicher und wird hier nur in jenen Aspekten wiedergegeben, die für das Gesamtverständnis transaktionsanalytischen Vorgehens notwendig sind.

So kann jemand wie Bärbel z. B. in besonderem Maße eine trotzige Haltung aktivieren, weil sie sich als Kind so weniger verletzlich vorkam oder weil sie dann von Mutter gesehen wurde. Oder eine andere Person könnte z. b. beginnen, sich ungefragt überfürsorglich zu verhalten, und gerade dann ganz viel für andere tun, wenn sie selbst zu wenig erhält. Dieses Verhalten könnte einer alten Erfahrung entsprechen, durch Fürsorge für andere Zuwendung zu erhalten.

Welchen Ich-Zustand eine Person mit Energie besetzt hat, wird nach außen (interindividuell) in den Transaktionen (so bezeichnen TransaktionsanalytikerInnen alle Formen des sozialen Austauschs zwischen Menschen) deutlich (s. S. 43), nach innen (intraindividuell) in einer Art Selbstgespräch, im sogenannten „Inneren Dialog".

Im Rahmen transaktionsanalytischer Arbeit lernen Menschen, mit Hilfe ihres Erwachsenen-Ich-Zustandes zu entscheiden, welche Haltung sie einnehmen wollen, um Bedürfnisse zu befriedigen und/oder Probleme zu lösen, und nicht nur quasi automatisch so zu denken, zu handeln und zu fühlen, wie sie es früher gelernt haben.

Deshalb mache ich meine KlientInnen gern am Anfang der Therapie mit ihren unterschiedlichen Haltungen, wie sie durch das Ich-Zustands-Modell symbolisiert sind, und damit auch mit der Energieverteilung in den unterschiedlichen Anteilen der Person vertraut.

Will man die Energiebesetzung oder -verteilung in den Ich-Zuständen veranschaulichen, so benutzt man dazu eine graphische Darstellung, die als Egogramm bezeichnet wird.

Das Egogramm von Bärbel J., wenn sie sich trotzig zurückzieht, sieht z. B. so aus:

Abb. 3:   Egogramm von Bärbel J.

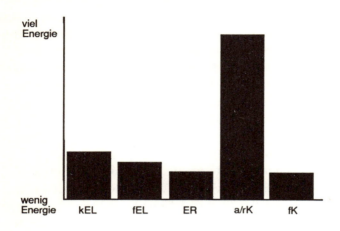

Das Egogramm von Jochen J., der sich in einer solchen Situation stark um sie bemüht, sieht dann so aus:

Abb. 4:   Egogramm von Jochen J.

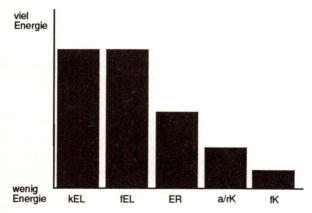

Wie der/die TherapeutIn mit Ich-Zuständen umgeht

Nachdem Jochen und Bärbel in den ersten Sitzungen über das Modell der Ich-Zustände informiert worden sind – wozu auch entsprechende Literaturhinweise gehören –, bespreche ich mit beiden ihre unterschiedlichen Haltungen bzw. Energiebesetzungsmuster in der o.g. Situation. Sodann erarbeite ich gemeinsam mit ihnen die obigen Egogramme (s. diagnostische Überlegungen). Dabei verdeutliche ich, daß ihrer beider Energiebesetzung vom Kind-Ich-Zustand und Eltern-Ich-Zustand komplementär sind, d. h., daß sie sich ergänzen.

Abb. 5: Veranschaulichung der komplementären Energiebesetzung der Ich-Zustände

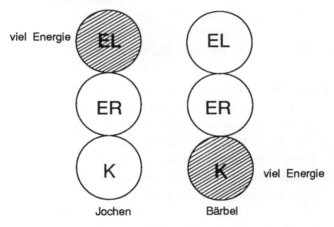

Bärbel findet heraus, daß sie sich in der besprochenen Situation wenig erwachsen verhält und auf diese Weise nicht darüber nachdenkt, was die Situation wirklich erfordert. Jochen merkt, daß er nur elternhaft reagiert und seine Wünsche und Bedürfnisse gar nicht wahrnimmt. Ich vereinbare dementsprechend mit Bärbel, daß sie bis zur nächsten Sitzung in einer entsprechenden Situation mindestens einmal nachdenken wird, was situationsangemessen zu tun ist, statt trotzig zu reagieren. Und mit Jochen vereinbare ich, daß er mindestens einmal nachspüren will, was er braucht, statt sich wie ein Vater um seine Frau zu kümmern.

Dabei wird im Augenblick noch nicht berücksichtigt, inwieweit die Energiebesetzungsmuster früher einmal sicherheitsspendend waren, z. B. inwieweit Jochen durch die elternhafte Haltung Zuwendung von Mutter erfuhr, oder inwieweit Bärbel sich durch das Ausleben von Trotz vor weiterer Verletzung schützte. Ansatzweise wird jedoch deutlich, daß die alten Verhaltensweisen in ihrer Interaktion heute eher hinderlich sind.

Wie der/die TherapeutIn mit dem inneren Dialog umgeht

Haben wir uns eben die zwischenmenschliche Auswirkung von Verhaltensmustern aus verschiedenen Ich-Zuständen angesehen, so soll nun verdeutlicht werden, wie sich diese Muster nach innen, also im „Selbstgespräch" auswirken.

Auch Peter H. hat Informationen über die Ich-Zustände erhalten. Ich frage ihn daher, „was er in sich selber hört", wenn er am Schreibtisch sitzt (s. auch diagnostische Vermutungen). Am deutlichsten sind ihm dabei die elternhaft kritischen Anforderungen. Auf meine Frage, wie er sich bei diesen Anforderungen fühlt, antwortet er: ... ängstlich, so als wolle ich etwas beteuern ... Ich gebe seine Aussage als wörtliche Rede wieder: „Aber ich mach' doch schon mehr als alle anderen", und frage ihn, was nun sein kritisches Eltern-Ich sagt. Auf diese Weise erarbeite ich den dargestellten inneren Dialog, den ich dann anschließend graphisch darstelle (Abb. 6).

Als Ergebnis dieses inneren Dialogs blättert Peter nervös in seinen Unterlagen herum, liest hier und da jeweils ein paar Seiten, aber strukturiert seinen Unterricht letzten Endes nicht seinen Vorstellungen entsprechend. D. h., er handelt nicht aus dem Erwachsenen-Ich-Zustand, sondern aus dem Persönlichkeitsanteil des angepaßten Kind.

Bei diesem inneren Dialog befindet sich die Hauptenergiemenge in Peters Persönlichkeit abwechselnd im Eltern-Ich (kritischer Teil) und im Kind-Ich (angepaßter Teil).

Abb. 6: Inferer Dialog von Peter H.

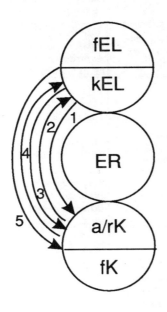

1. „Du solltest dich viel gründlicher auf deinen Unterricht vorbereiten, sonst bist du dein Geld nicht wert."

2. „Aber ich mach' doch schon mehr als alle anderen."

3. „Das kann ja sein, aber ich erwarte von dir, daß du der Beste bist."

4. „Ich weiß gar nicht, wie ich das schaffen soll."

5. „Du strengst dich eben nicht genug an."

Dabei wird Peter bewußt, daß er drei seiner Ich-Zustände (fürsorgliches Eltern-Ich, Erwachsenen-Ich, freies Kind-Ich) gar nicht mit Energie besetzt. Aber auch bei einigem Nachsinnen findet er keine fürsorgliche Botschaft, durch die er sich sein Anstrengungsprogramm erleichtern könnte. Dabei ist er ganz betroffen und spürt, daß er Sehnsucht nach einer solchen Erleichterung hat (s. Gesprächsverlauf):

Peter	Therapeutin	Erläuterungen
	Was würdest du denn gerne von einer fürsorglichen Elternperson hören?	Aktivierung des ER, Klient soll darüber nachdenken, wie EL und K im Einklang zu benutzen sind.

39

Peter	Therapeutin	Erläuterungen
Ich kann mir gar nichts vorstellen.		Hat keine Vorbilder für Fürsorge.
	Was würdest du denn einem ganz mutlosen Schüler von dir sagen?	Aktivierung von Mustern anderer Autoritäten in seinem EL außer den Eltern.
Na, vielleicht, daß er doch schon ganz gute Sachen macht.		
	So in dem Sinne, du tust genug, du darfst dich auch mal ausruhen?	anregende Verbalisierung
Ja, das wäre was.	Wäre das auch was für dich?	Ansprache seines K, um ursprüngliche Bedürfnisse des Klienten herauszufinden.
Ja, das vielleicht schon, aber was ist dann anders?		
	Willst du mal diesen Satz von mir hören und spüren, wie er in dir wirkt?	Fragen an ER, ob bestimmte Bedürfnisse des K wichtig sind.
Ja, das will ich probieren.		Modellverhalten wird angeboten.
	Du tust genug, du darfst dich auch ausruhen.	Erlaubnis an das K.
Schweigt, und eine leichte Röte überzieht sein Gesicht.	Das bewegt dich?	Aufgreifen der Gefühle
Ja, das tut gut.		

Anschließend ermutige ich Peter, sich „seinen" Erlaubnissatz „Du tust genug, du darfst dich auch ausruhen" auf ein großes Papier zu schreiben und mit nach Hause zu nehmen.

Der Umgang mit Erlaubnissen ist eine häufige Intervention in der transaktionsanalytischen Arbeit. Die Einschränkungen, die wir uns durch das innere Wiederholen der Gebote und Verbote der Eltern auferlegen, werden durch Erlaubnisse infrage gestellt und manchmal sogar aufgehoben. Dabei kann der/die TherapeutIn entweder die erlaubnisgebende Instanz in der Person selber aktivieren oder, falls, wie bei Peter, keine Muster dafür vorhanden sind, modellhaft die entsprechende Erlaubnis erteilen. Manchmal werden auch andere Gruppenteilnehmer gebeten, die Rolle eines Elternteils zu übernehmen und stellvertretend eine Erlaubnis zu geben. Ich gehe mit dieser Möglichkeit sehr vorsichtig um und frage die Menschen, wie, ob und welche Erlaubnis sie von mir oder anderen haben möchten. Auf diese Weise hüte ich mich davor, eine/n KlientIn aus möglicher Überfürsorge heraus mit einer Erlaubnis zu bedrängen, und überlasse es ihnen, aus ihrem Erwachsenen-Ich-Zustand zu entscheiden, welche neuen Botschaften sie in ihr Eltern-Ich aufnehmen wollen.

Peters Leistungsproblematik drückt sich auch in „Trübungen" (Kontaminationen) seines Erwachsenen-Ich-Zustands aus. Unter einer Trübung versteht man eine Vermischung von elterlichen und/oder kindlichen Denk-, Fühl- oder Verhaltensanteilen mit denen des Erwachsenen-Ichs. Solche Vermischungen bewirken, daß ein Fühlen, Denken oder Handeln als erwachsen wahrgenommen wird, obwohl es einer anderen Haltung entstammt.

Bei einer Trübung aus dem Eltern-Ich-Zustand werden elterliche Normen, Vorschriften, Vorurteile oder Glaubenssätze, ohne sie zu überprüfen, als erwachsene Realität angesehen, z. B., daß Frauen für technische Berufe ungeeignet sind. Oder aber komplexe Verhaltensmuster werden bestimmend: Eine Frau, die die Verhaltensmuster ihrer Mutter Männern gegenüber „gespeichert" hat, verhält sich aus einer Trübung heraus z. B. recht abweisend, obwohl sie selbst keine schlechten Erfahrungen mit Männern gemacht hat.

Abb. 7: Trübung von Ich-Zuständen

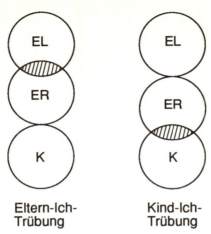

Eine Trübung aus dem Kind-Ich-Zustand ist durch irrtümliche Annahmen über sich selbst gekennzeichnet, die das erwachsene Denken „umwölken". Sie besteht in der Regel aus Fantasien im Zusammenhang mit unangenehmen Empfindungen und zeigt sich häufig dann, wenn irgend etwas in der Gegenwart an frühere Begebenheiten erinnert und das Hier und Jetzt wie eine Kindheitssituation erlebt wird, z. B. wenn sich jemand sagt, daß er sich schämen muß, weil er im Mittelpunkt steht. Oder es könnte sich eine Frau Männern gegenüber auch deshalb abweisend verhalten, weil sie früher mit Männern schlechte Erfahrungen gemacht hat und ihr Handeln heute aus einer Kind-Ich-Trübung heraus bestimmt wird.

Wie der/die TherapeutIn mit Trübungen umgeht

Peter sagt z. B. am Beginn der Therapie häufig, „daß man unter allen Umständen das Bestmögliche leisten muß". Dieser erwachsen klingende Satz kann jedoch einer Realitätsprüfung nicht standhalten: Wieso muß man das und was sind „alle Umstände"? Bei beharrlichem Hinterfragen stellt sich heraus, daß Peter hier eine seiner Eltern-Ich-Nor-

men ungeprüft als gültige Realität hinnimmt und darauf reagiert (s. auch diagnostische Überlegungen).

Die entsprechende Trübung aus dem Kind-Ich besteht in Peters Empfinden von Angst, die an den Satz „Ich kann das einfach nicht bringen, was die von mir wollen!" gekoppelt ist. Meine therapeutische Aufgabe besteht hier in der Enttrübung: „Was erwarten andere wirklich, was tust du wirklich, und was entspricht den Anforderungen bzw. Erwartungen oder nicht?"

Durch präzises, aber liebevolles Nachfragen wird das erwachsene Denken aktiviert, und Peter lernt, bestimmte Inhalte spezifischen Ich-Zuständen zuzuordnen und sie in ihrer übergreifenden Gültigkeit zu hinterfragen. Ebenso kann er erleben, daß seine Leistungsängste alte, in seinem Kind-Ich-Zustand gespeicherte Ängste sind, die nicht notwendigerweise etwas mit dem Hier und Jetzt zu tun haben müssen.

Wie Sie später sehen werden, hat Verhalten, was durch einen getrübten Erwachsenen-Ich-Zustand bestimmt wird, häufig genug genau den Effekt, der die Trübung als „richtig" bestätigt (s. Skript-System, S. 84, oder Skript, S. 101).

Da der Erwachsenen-Ich-Zustand eines/r KlientIn oft „voll" von Trübungen, von Vorurteilen und irrtümlichen Annahmen über sich selbst, die anderen Menschen und die Welt ist, von denen dann Denken, Handeln und Fühlen, vor allem aber die Wahrnehmungen bestimmt werden, steht die Arbeit mit Trübungen, die sog. Enttrübungsarbeit, am Anfang einer Therapie oft im Mittelpunkt.

Die Transaktionen

Alle jene Formen des Miteinanders, die wir durch unser Sprechen gestalten, aber auch alle sonst noch möglichen Zuwendungsformen zwischen Personen, kurz alle sichtbaren Zeichen sozialen Austausches nannte Berne „Transaktionen".

Diese Kommunikationseinheiten bestehen aus einer verbalen oder nonverbalen Anrede und der darauf folgenden verbalen oder nonverbalen Antwort. Wenn diese Antwort wiederum die Funktion einer Anrede haben kann, so entstehen miteinander verkettete Transaktionen, sog. Kommunikationssequenzen. Die Analyse solcher Transaktionen läßt Rückschlüsse auf die Energiebesetzung der Ich-Zustände zu, gibt also Informationen über die Haltungen, die eine Person besonders häufig oder besonders selten einnimmt.

Darauf zu achten, was eine Person in uns auslöst, ist eine Möglichkeit, solche Transaktionen wahrzunehmen: Empfinden wir uns plötzlich ganz klein, so hat unser Gegenüber vielleicht gerade, in verkürzender Modellsprache ausgedrückt, eine Transaktion von seinem Eltern-Ich-Zustand an unseren Kind-Ich-Zustand gesendet. Erleben wir Schutzimpulse gegenüber der anderen Person, so kam ihre Transaktion vermutlich gerade aus einer Kind-Haltung. Im Dialog mit den KlientInnen kann man außerdem aufgrund von Transaktionen, die man wahrnimmt oder von denen berichtet wird, Vermutungen darüber anstellen, welche Bedeutung spezifische Transaktionsmuster haben, ob diese Haltungen z. B. früher einen bestimmten Schutz darstellten oder besondere Beachtung erhielten und so ein Element des Lebensplanes (s. S. 101) wurden.

Eine Transaktion wird aus einem (oder zwei) bestimmten Ich-Zuständen heraus gesendet und zielt darauf, in einem (oder zwei) bestimmten Ich-Zuständen der anderen Person empfangen zu werden. Je nachdem, ob die Antwort dann mit dem erwarteten Ich-Zustand beschreibbar ist oder nicht, lassen sich verschiedene Arten von Transaktionen unterscheiden:

1. **Komplementäre Transaktionen**
   Dabei „antwortet" der Empfänger aus dem Ich-Zustand heraus, den der Sender „angepeilt" hat. D. h., die Transaktionen verlaufen parallel.

Abb. 8: Komplementäre Transaktionen

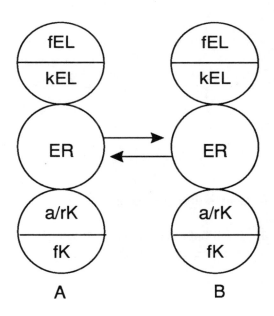

A: Haben Sie den Brief
schon geschrieben?

B: Nein, da müssen wir
erst darüber sprechen![9]

---

[9] Weitere Beispiele für Transaktionen, aus denen Sie ersehen können, wie auch andere Ich-Zustände involviert sind, entnehmen Sie bitte dem Anhang.

Abb. 9:

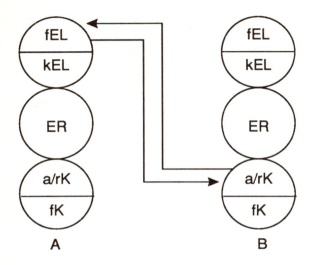

A: Geht es dir heute nicht gut?

B: Ja, ich habe das Gefühl, ich kriege gar nichts auf die Reihe.

Zu jeder Form von Transaktionen gibt es eine Kommunikationsregel. Zu komplementären Transaktionen heißt sie: **Parallele Transaktionen können ungehindert weitergehen.**

Dabei können sich die Personen, die an diesen Transaktionen beteiligt sind, manchmal auch gegenseitig in ihren einmal eingenommenen Ich-Zuständen „festhalten". (Wir werden das später noch einmal bei Bärbel und Jochen sehen.)

2. Gekreuzte Transaktionen

Von einer gekreuzten Transaktion sprechen wir dann, wenn die angesprochene Person nicht aus demselben Ich-Zustand „antwortet", indem sie „angesprochen" wird.

Abb. 10: Gekreuzte Transaktionen

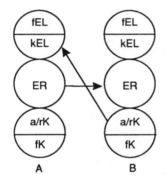 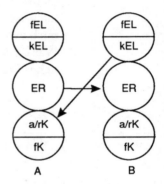

A: Wollen wir ins Kino gehen?

B: Immer soll ich tun, was du willst.

A: Ich will noch einmal das Thema gleitende Arbeitszeit ansprechen.

B: Wo kommen wir denn dahin, wenn jeder kommt, wann er will.

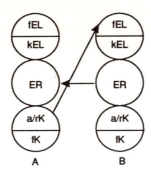

A: (jammernd)
Ich weiß nicht mehr ein
noch aus.
B: Was ist dein augenblickliches Problem?

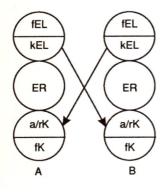 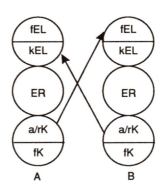

A: Wieso kommst du erst jetzt?

B: Woher nimmst du das Recht, mich zu kontrollieren?

A: Mein Chef ist ja so schlimm.

B. Sag' mal, kannst du denn niemals etwas anderes erzählen?

Zu diesen gekreuzten Transaktionen gehört eine weitere Regel: **Durch eine gekreuzte Transaktion wird die Kommunikation unterbrochen, und etwas anderes geht weiter.** Das heißt, nach einer oder mehreren Durchkreuzungen kommt es in der Regel zu einem Themenwechsel, zumindest aber zu einem Ich-Zustandswechsel bei einem Partner. Meist ist der Wechsel von einem kurzen Unbehagen begleitet.

3. *Verdeckte Transaktionen*
Hierbei sind meist mehrere, in der Regel vier Ich-Zustände von zwei Personen beteiligt. Dabei wird eine Botschaft „offen", die andere „verdeckt" gesendet. Die offene Botschaft stellt den sozialen oder Inhaltsaspekt, die verdeckte Botschaft den psychologischen oder Beziehungsaspekt der Aussage dar.

Abb. 11: Verdeckte Transaktionen

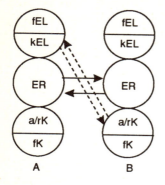
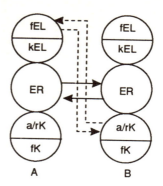

A: Das ist das vierte Glas Wein.
unterschwellig streng:
Es ist ungehörig, so
viel zu trinken.)

B: Du hast dich verzählt.
(unterschwellig trotzig:
Was geht dich das an?)

A: Geht es dir nicht gut?
(unterschwellig sehr freundlich:
Sei klein und laß mich helfen.)

B: Ich weiß gar nicht, was mit mir
los ist. (unterschwellig jämmer-
lich: Ich brauche auch dringend
deine Hilfe.)

Auch zu den verdeckten Transaktionen gibt es eine Regel, die besagt: **Das Ergebnis einer Kommunikation ist eher von der verdeckten (psychologischen) Ebene abhängig als von der offenen (sozialen).**

Wie der/die TherapeutIn mit Transaktionen umgeht

Ich kann die gleiche Konfliktsituation des Ehepaars, die ich mit Hilfe des Egogramms „betrachtet" habe (S. 36), auch als Abfolge von Transaktionen darstellen. Das könnte dann z. B. so aussehen:

Abb. 12: Transaktionsfolge des Ehepaars.

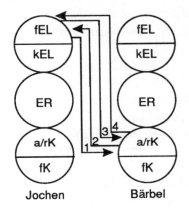

1. „Was ist denn mit dir los?"

2. „Ach, laß mich in Ruhe."

3. „Aber dir geht's doch nicht gut!"

4. (mit resignativer Stimme:) „Was geht das denn dich an?"

Auch in dieser Darstellung wird ersichtlich, welche Ich-Zustände mit Energie besetzt sind und welche nicht.

Nachdem wir dies gemeinsam betrachtet haben, probieren die beiden spielerisch unter meiner Anleitung verschiedenen Wahlmöglichkeiten aus. Zum Beispiel:

Abb. 13: Alternative Transaktionsfolge

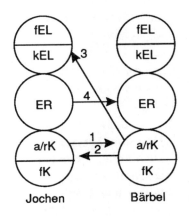

1. „Mensch, sei doch nicht immer so doof."

2. „Selber doof."

3. „Laß mich in Ruhe."

4. „Willst du das wirklich, oder soll ich weiter auf dich eingehen?"

Bei der vierten Äußerung stutzen beide. Es kommt zu einem kurzen Innehalten, und sie merken, daß „etwas anders ist". Bärbel findet heraus, daß sie „nicht mehr einfach so vor sich hin maulen (trotzen) kann und nachdenken muß"; und Jochen erkennt: „Ich gehe gar nicht mehr so selbstverständlich auf sie ein!"

Aus diesen Erkenntnissen entwickelt sich ein langes Gespräch über die Haltungen, aus denen heraus die Transaktionen „gestartet" werden: Jochen sieht seine fürsorglich-verstehende, gleichzeitig auch überlegene Haltung als Grundmuster vieler Lebenssituationen, auch solcher, in denen das Verhalten aus einem anderen Ich-Zustand heraus angemessener wäre. Bärbel erkennt, daß sie sich in ihrer rebellischen Haltung sicher und „nicht so ausgeliefert" fühlt.

Auf meine Frage hin, warum sich Bärbel in der Beziehung zu Jochen schützen müsse, können wir noch ein weiteres Transaktionsmuster klären:

Abb. 14: Verdeckte Transaktionen des Ehepaars J.

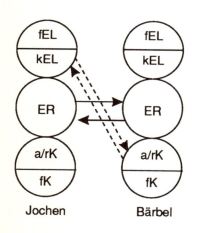

1. „Was willst du heute abend machen?"

2. (Aus dem drohenden Unterton wird Kritik hörbar: „Willst du dich etwa wieder zurückziehen?")

3. „Ich will den Abend mit dir verbringen."

4. (Aus dem trotzigen Unterton läßt sich heraushören: „Ich mach' ja schon, was du willst, aber freu' dich nicht zu früh.")

Übereinstimmend schildern beide für einen Abend, der mit solchen Transaktionen beginnt, eine angespannte Atmosphäre, die häufiger im Krach endet. Dabei macht die Analyse der verdeckten Transaktionen deutlich, daß Jochen Angst und Ärger bei dem Gedanken an Bärbels Rückzug in seiner Frage „verpackt", und daß Bärbel sich ganz leicht bestimmt und in eine Richtung gedrängt fühlt und dann eine rebellische Haltung einnimmt (s. auch diagnostische Überlegungen).

Die Erkenntnis über Hintergründe und Gesetzmäßigkeit ihres Verhaltens erleichtern Bärbel und Jochen nach dieser, ihrer sechsten Sitzung: Sie fühlen sich ihren Interaktionen nicht mehr so ausgeliefert.

„Streicheln" und andere Grundbedürfnisse

Analog der physischen Bedürfnisse einer Person (z. B. Hunger und Durst) werden in der Transaktionsanalyse einige psychologische Grundbedürfnisse genannt, deren Befriedigung ebenso notwendig ist wie die der physiologischen. Neben den Grundbedürfnissen nach sinnlicher Anregung und Zeitstruktur ist das Grundbedürfnis nach Zuwendung, Beachtung und Anerkennung (nach Streicheln) ein solcher „Hunger", der lebenslang befriedigt werden muß und dessen Nicht-Befriedigung zu schweren Störungen führt[10]. Und eben dieses Grundbedürfnis nach Zuwendung ist der Motor für die Anpassung des Kindes, die im letzten Kapitel beschrieben wurde.

Für kleinere und größere Kinder zeigt sich diese Beachtung vor allem in körperlicher Berührung. Sie brauchen „Kuscheln" und Streicheln. Zwar brauchen wir auch als Erwachsene noch immer diesen Körperkontakt. Wir lernen jedoch, zusätzlich auch andere Formen von Beachtung als lebensnotwendiges Streicheln zu akzeptieren.

---

10 So hat z. B. der Kinderpsychiater René Spitz nachgewiesen, daß Säuglinge bei ungenügendem Streicheln sterben können. Desgleichen konnte ein Zusammenhang zwischen Depression und mangelndem Streicheln bei Erwachsenen nachgewiesen werden.

In der Transaktionsanalyse gilt jede Form der Beachtung als Streicheln. Ein Lächeln, ein Kompliment oder ein Kuß sind Beispiele positiver Beachtung. Doch auch ein Stirnrunzeln, eine giftige Zwischenbemerkung oder ein Schlag werden gleichermaßen als Beachtung erlebt, obwohl sie als unangenehm, also negativ empfunden werden.

Ein positives Streicheln wird vom Empfänger meist als angenehm, ein negatives als schmerzlich erfahren. Menschen trachten jedoch nicht immer danach, positives Streicheln zu bekommen und negatives zu vermeiden. (Denn es gilt: Irgendeine Art von Streicheln ist besser als gar keine!) Sondern um ihren Streichelhunger zu befriedigen, sind viele Menschen bereit, entsprechend ihrer früh gelernten Muster auch negatives Streicheln entgegenzunehmen oder dieses sogar zu provozieren. Erhält ein Kind z. B. keine positive Beachtung dafür, daß es „artig" ist, wohl aber häufig negative Beachtung in Form von Schimpfen oder Schlägen, so wird es lernen, etwas „anzustellen" und negative Beachtung zu provozieren. Letzten Endes ist jede Transaktion ein Austausch von Streicheln. Dabei sind verbales und nonverbales Streicheln fast immer miteinander verknüpft.

Bedingtes Streicheln bezieht sich darauf, was man tut, bedingungsloses Streicheln darauf, was man ist. Dementsprechend geht die Transaktionsanalyse von vier Arten (Kategorien) von Streicheln aus: „Positiv unbedingt" nennt sie eine Aussage wie z. B. „Es ist gut, daß du da bist" oder ein zärtliches körperliches Streicheln. Damit werden wir in unserer Existenz bestätigt.

„Positiv bedingtem" Streicheln entspricht ein Lob: „Diese Arbeit hast du gut gemacht." Mit dieser Form von Beachtung werden z. B. wir in unseren Fähigkeiten, unserer Arbeit, unserem Leistungsstreben und unseren individuellen Besonderheiten anerkannt.

„Negativ bedingte" Formen der Zuwendung sind Formen der Kritik wie: „Deine Art zu sprechen regt mich auf", oder auch des Grenzen-Setzens: „Bitte, schmeiß deine Schultasche nicht mitten in den Flur!" Auch das Setzen von Grenzen ist eine wichtige und in Menschenführung und Pädagogik unabdingbare Form der Beachtung, d. h., eine Art zu streicheln.

„Negativ unbedingtes" Streicheln wäre ein Ausspruch wie: „Ich hasse dich". Diese Art Streicheln beeinträchtigt eine Person in ihrem Recht auf Dasein. Im Gegensatz zu den anderen Formen des Streichelns ist sie für die Existenz und das Wachstum eines Menschen unnötig, ja sogar schädlich.

Es gibt jedoch auch Streicheln, was positiv anfängt, aber einen „Pferdefuß" hat, wie etwa: „Ich kann sehen, daß Sie das soweit verstanden haben. Aber ganz haben Sie es dennoch nicht begriffen." Das ist „unechtes" Streicheln und entspricht einer verdeckten Transaktion. Außerdem gibt es das sog. „Plastik-Streicheln" als unaufrichtige positive Art der Zuwendung. Dabei werden unechte Höflichkeiten ausgetauscht, wie z. B.: Ich bin sooo begeistert, daß Sie da sind!" (Ganz leicht schrille Stimme und ein überzogenes „ooo".)

Welche Art von Streichelmuster individuell bevorzugt wird, ist ebenso von der Biographie wie von kulturellen Gegebenheiten abhängig. In Südeuropa beispielsweise küssen sich Menschen bei der Begrüßung eher als etwa in Großbritannien.

Jeder von uns hat, wie bereits gesagt, bestimmte Muster, Streicheln zu geben und zu nehmen. Denn unterschiedliche Menschen brauchen unterschiedliches Streicheln. Diese Tatsache hat eine positive – autonomiefördernde – und eine negative – autonomieeinschränkende – Seite. Ist es einerseits autonomiefördernd, selbst zu bestimmen, welches Streicheln man von welcher Person nehmen (bzw. ihr geben) will, so ist es andererseits autonomieeinschränkend, wenn dieses Muster im Dienste des Lebensplanes steht und man sich quasi reflexartig für jene Verhaltensweisen Beachtung verschafft, die als Anpassungsmuster gelernt wurden. Hat z. B. eine Person aufgrund ihrer frühen Erfahrungen den Eindruck, daß sie sich ihr Recht auf Dasein durch Leistung verdienen muß, so wird sie immer wieder ihre Anerkennung über Leistung suchen. Das kann sich besonders dann beeinträchtigend auswirken, wenn diese Person unter bestimmten Bedingungen –

wie etwa Krankheit – nichts oder wenig leistet. Da bedingungsloses Streicheln, was sie in dieser Situation notwendig brauchen würde, nicht in ihr Zuwendungsmuster paßt, wird sie es nicht einfordern, ignorieren oder aber verkleinern. Wir sagen: sie wertet es ab oder filtert es heraus. D. h., die Person hat einen Streichelfilter eingerichtet, der nur die Art von Streicheln „eindringen" läßt, die ihrem – im Lebensplan verankerten – Selbstbild entspricht, welches auf diese Weise aufrecht erhalten werden kann.

So sage ich z. B. einer Klientin nach einem Krankenhausaufenthalt, daß ich mich freue, sie wiederzusehen. Und sie wertet diese Streicheln ab, indem sie vermutet, daß diese Äußerung meiner Berufsrolle und nicht meinem persönlichen Gefühl entspringt. Damit kann sie ihr Selbstbild, in dem niemand Interesse an ihrer Person hat, wenn sie keine Leistung bringt, aufrechterhalten.

Sowohl das Festhalten an einem bestimmten – manchmal sogar schmerzhaften – Streichelmuster als auch das Aufrechterhalten eines bestimmten Selbstbildes und der damit verbundenen Ansichten über die eigene Person dienen dem angeborenen „Sicherheitsbedürfnis". Denn diesem Bedürfnis entsprechend entwikkelt das vorlogisch denkende Kind als Antwort auf die Bedingungen in seiner Umwelt sein spezifisches Streichelmuster, durch das es sich Beachtung sichert. Dieses Muster wird dann als Überlebensentscheidung (zusammen mit anderen Überlebensentscheidungen) im Kind-Ich gespeichert. Bleibt es unhinterfragt, kann es im späteren Leben das Erwachsenen-Ich eines Menschen trüben, zumal diese Überlebensentscheidungen dem Alltagswissen über uns selbst häufig nicht mehr zugänglich sind. Sichtbar werden können sie aber z. B. dann, wenn die alten Entscheidungen von außen, etwa von einem Therapeuten, in Frage gestellt werden, und wir mit Abwehr und Widerstand reagieren, da wir unsere vermeintliche Sicherheit nicht verlieren wollen.

56

Im Bereich des Streichelns beziehen wir diese Sicherheit neben unseren persönlichen Erfahrungen, die wir mit dem Streicheln als Kinder gemacht haben, auch durch Regeln für Zuwendung, die in unserer Gesellschaft selbst dann gelten, wenn sie nicht offen ausgesprochen werden. Claude Steiner, ein amerikanischer Transaktionsanalytiker, der sich intensiv mit dem Thema „Streicheln" auseinandergesetzt hat, formuliert fünf gesellschaftliche Regeln, durch die Kinder wie Erwachsene im Umgang mit Streicheln „angewiesen" werden:

– Gib kein Streicheln, auch wenn es eigentlich notwendig wäre.
– Frage nicht nach Streicheln, auch wenn du es eigentlich brauchst.
– Akzeptiere kein Streicheln, auch wenn du es dir eigentlich wünschst.
– Weise kein Streicheln zurück, auch wenn du es nicht willst.
– Streichle dich nicht selbst.

Steiner nennt diese fünf Regeln die „stroke-economy" und meint damit, daß das Streicheln, was eigentlich unbegrenzt zur Verfügung steht, durch diese Regeln eingeschränkt wird. Auf diese Weise wird das Geben oder Vorenthalten von Streicheln zum Machtfaktor.

Wichtiger Inhalt transaktionsanalytischer Arbeit ist es, den KlientInnen ihre Streichelmuster bewußt zu machen und ihnen aufzuzeigen, wie sie Streicheln abwehren, sie neue Streichelregeln zu lehren und das Annehmen konstruktiven Streichelns zu üben.

Wie der/die TherapeutIn mit dem Streichelkonzept umgeht

Wenn Sie an die Personenbeschreibung sowie an die diagnostischen Überlegungen von Peter H. zurückdenken, so erinnern Sie sich sicher daran, wie isoliert er lebt und wie gering seine Möglichkeiten sind, Streicheln außerhalb der Schule zu erhalten. Dies wird in der 7. Gruppensitzung zum Thema. Dabei sieht Peter, daß er sich aus seinem kritischen Eltern-Ich heraus viel negatives Streicheln durch Selbstkritik zuführt, daß er positives Streicheln nur für beste Leistungen, und bedingungsloses positives Streicheln gar nicht annehmen kann. Als ich ihn zu einem „Stärkenbombardement" – einer Übung, in der die anderen Gruppenteilnehmer ihm Positives sagen – einlade, wehrt er sehr heftig ab. Er ist zu dieser Übung nicht bereit, da durch sie die „Sicherheit seines Kindes" in Frage gestellt würde.

Selbstverständlich akzeptiere ich diese Weigerung, da wir einerseits grundsätzlich keine Übungen gegen den Willen eines/einer KlientIn durchführen und andererseits den Widerstand eines/einer KlientIn gegen eine neue Erfahrung sehr ernst nehmen. Folglich gehen wir sehr behutsam mit Widerständen um und schauen, welchen Hinweis dieser Widerstand uns gibt: Peter z. B. vertraut noch keiner neuen Möglichkeit, sich das überlebensnotwendige Streicheln zu sichern.

Deshalb frage ich ihn, ob ich ihm ein Märchen erzählen darf. Dabei will ich mich aus meinem Erwachsenen-Ich-Zustand und Eltern-Ich-Zustand an seinen „kleinen Professor" und seinen Erwachsenen-Ich-Zustand gleichermaßen wenden, um Peter neue Informationen zu geben, durch die er seine Streichelmuster in der ihm angemessenen Geschwindigkeit ändern kann. Nachdem er zustimmt, erzähle ich ihm das in einer anderen Therapie von mir entwickelte

„Körnermärchen"

„Es war einmal eine Sorte Tierchen, die lebte weit weg im Land hinter den Bergen. Diesen Tierchen ging es sehr gut, denn sie hatten bunte Körner. Und solange sie bunte Körner hatten, fühlten sich diese Tierchen ganz wohl. Denn die blauen Körner schmeckten so herrlich blau, die roten Körner schmeckten so herrlich rot, die grünen Körner schmeckten grün und die gelben gelb. Na stell' dir vor, sonntags gab's sogar goldene Körner.

Nachdem die Tierchen über viele Jahre hin, ja sogar über viele Generationen hin, in Frieden und Freude gelebt hatten, kamen ein schlimmer Winter über das Land und nach dem Winter ein Frühjahr, in das noch einmal der Frost einbrach. Die Hälfte der Saat verdarb. Und als es im Sommer auch noch eine große Dürre gab, verdarb auch der Rest der Körner. Die Tierchen hatten jetzt kaum noch etwas zu essen. Und in ihrer Not knabberten sie die aufbewahrte Aussaat für das nächste Jahr an, so daß es im nächsten Jahr bald gar nichts mehr zu essen gab. Daher wurde ein Rat der Tierchen gebildet, und man fragte sich, was zu tun sei. Man rüstete eine Expedition aus, die in allen Ecken des Landes suchen sollte, ob es noch irgendwo Körner gab, von denen man sich ernähren konnte.

Die Expedition suchte Tage um Tage, und schließlich fanden sie im letzten Winkel ihres Landes Pflanzen, die schwarze Körner trugen. Niemals zuvor hatten die Tiere solche Körner gesehen. Vorsichtig probierten sie einige schwarze Körner. Sie schmeckten entsetzlich! Aber die Tierchen merkten, daß die Körner satt machten. So schlimm sie auch schmeckten, sie machten satt. Sie füllten daher alle ihre Säcke mit den schwarzen Körnern und brachten sie nach Hause. Die anderen Tierchen waren wenig begeistert, als sie diese Körner essen sollten. Da sie aber Hunger hatten, begannen sie, von den schwarzen Körnern zu essen. Und siehe da – auch sie wurden satt. Die schwarzen Körner, die bitter und sauer schmeckten, die gar kein Vergnügen zum Essen waren, machten satt. Also gewöhnten sich die Tierchen an diese Speise, so schwer es ihnen auch fiel. Denn sie wollten satt werden und überleben. Im nächsten Frühjahr säten sie die schwarzen Körner sogar aus, und im Herbst ernteten sie schwarze Körner. Und wiederum aßen sie die schwarzen Körner und überlebten. Nach vielen, vielen Jahren jedoch hatten die Tierchen vergessen, daß es überhaupt einmal bunte Körner gegeben hatte, und sie ernährten sich fraglos von den schwarzen Körnern, die ihr Überleben sicherten.

Eines Tages kam der Rat der Tierchen auf die Idee, eine Expedition ins Nachbarland zu schicken, um einmal nachzusehen, was es dort anderes gäbe als im eigenen Land. Nach einer mühseligen Reise über die Berge kam die Expedition in das Nachbarland und schaute sich dieses sehr genau an. Könnt ihr euch vorstellen, was die Tierchen sahen? Pflanzen mit bunten Körnern! Die Tierchen, die ja nur die schwarzen Körner kannten, waren völlig erstaunt. Ja, sie waren sogar erschreckt

59

über diese bunten Körner. Und sie beobachteten, wie die Tiere des Nachbarlandes diese bunten Körner aßen und wie es ihnen damit wohl ging und sie dick und rund und satt waren. Sie selber aber trauten sich nicht, von diesen bunten Körnern zu nehmen. Hatten sie nicht jahrelang immer wieder erfahren, daß nur die schwarzen Körner am Leben erhielten?

Kurz bevor sie wieder abreisen wollten, kam ein sehr neugieriges kleines Tierchen aus der Expedition auf die Idee, doch einmal ein farbiges Körnchen zu probieren. Das Tierchen überlegte lange, ob es ein rotes, ein blaues, ein gelbes oder sogar ein goldenes Körnchen nehmen sollte. Es entschied sich für ein blaues Körnchen, pickte das Körnchen auf, und denkt euch, es schmeckte herrlich blau. Voller Begeisterung forderte das Tierchen die anderen auf, doch auch solche bunten Körner zu picken. Und siehe da, sie alle bekamen den Mut, zu probieren und die eine oder andere Farbe zu schmecken. Nachdem sie an den neuen Körnchen geschmeckt hatten, setzten sie sich zusammen und hielten Rat: Die neuen Körner schmeckten gut. Sie taten auch gut. Aber überlebt hatten sie seit vielen Jahren mit den alten Körnern, den schwarzen. Sie kannten ja gar keine bunten Körner mehr. Sie dachten alle, daß es das wichtigste im Leben sei, zu überleben, und daß es nicht darauf ankomme, daß es den Tierchen gut gehe und sie sich freuten, sondern daß sie überlebten. Deshalb entschieden sie sich, nicht einmal eine Probe der bunten Körner mitzunehmen.

Und so fuhren sie wieder nach Hause zu ihren schwarzen Körnern. Dabei waren sie ganz verzweifelt und traurig, denn sie hatten eine Ahnung davon bekommen, wie gut andersfarbige Körner schmecken können. Deshalb kamen sie auf die Idee, auf ihrem Heimweg überall dort anzuhalten, wo sie alte, weise Tiere treffen könnten, um diese um Rat zu fragen. Vielleicht könnte ihnen eines dieser weisen Tierchen mehr über die Verträglichkeit und Wunderkraft der bunten Körner sagen. Und wenn du ein solches fragendes Tierchen triffst, dann nimm' es vorsichtig auf deine Hand und gib ihm deinen Rat."

Peter ist sehr angerührt von diesem Märchen und äußert spontan, daß er Appetit auf bunte Körner entwickeln will. Daher vereinbare ich mit ihm für die nächste Woche einen Verhaltensvertrag: Er wird darauf achten, wann er ein buntes Korn bekommt, und in der nächsten Sitzung davon berichten. In der nächsten Sitzung berichtet er von drei „bunten Körnern", die er bemerkt und „gefressen" hat. In der 10. Sitzung fordert er von sich aus das „Stärkenbombardement" und genießt die positiven Äußerungen, die er von jeder Person aus der Gruppe erhält.

Das Thema Streicheln steht auch lange Zeit im Mittelpunkt der Sitzungen mit dem Ehepaar J.. Sie finden sich in den Steinerschen Regeln besonders da wieder, wo weder Bärbel noch Jochen den/die PartnerIn um Streicheln bitten können, und dies schon gar nicht, wenn es sich dabei um spezifische Zuwendung (z. B. für Aussehen oder für das konkrete Streicheln eines bestimmten Körperteils) handelt. Aus ihrer Kind-Ich-Haltung finden es beide ungehörig, um das zu bitten, was man braucht. Sie vereinbaren daher als Folge dieser Einsicht als Hausaufgabe bis zur nächsten Sitzung, den anderen jeweils dreimal um ein spezifisches Streicheln zu bitten.

In der nächsten Sitzung hat Bärbel gute Erfahrungen mit der Bitte um Streicheln gemacht. Jochen jedoch hat es nur einmal sehr zögernd geschafft, sich das Streicheln seines Rückens zu erbitten.

Im Gespräch über seine Schwierigkeiten erinnert er sich an eine Begebenheit aus der Zeit, wo er etwa 5 Jahre alt war: Er wünschte sich sehnlichst ein Feuerwehrauto zu Weihnachten und sagte dies bei jeder Gelegenheit zu seinen Eltern. Bei einem Abendessen war der Vater sehr gereizter Stimmung. Und als Jochen zum wiederholten Male seinen Wunsch äußerte, brüllte der Vater: „Wenn du noch einmal sagst, was du willst, dann kriegst du gar nichts!" Jochen fühlt in der Therapiestunde die Angst von damals, und er erinnert sich, seit dieser Situation kaum jemals wieder einen Wunsch geäußert zu haben, zumal er zu jenem Weihnachtsfest das Spielzeugauto geschenkt bekam und er diese Tatsache in seinem kindlichen Denken damit verband, daß er seinen Wunsch nicht mehr geäußert hatte.

Als er diese Zusammenhänge durchschaut, entscheidet er mit Hilfe seines Erwachsenen-Ichs, das Äußern von Wünschen und insbesondere das Äußern von Streichelwünschen seiner Frau gegenüber künftig zu üben.

Von dieser Sitzung an berichten beide Partner regelmäßig über ihre Erfahrungen beim Erbitten und Geben von Zuwendung. Dabei lernen sie, daß es auch wichtig ist, „nein" zu sagen, wenn man die erbetene Zuwendung nicht geben will. Sie wäre sonst unecht. Darüber hinaus lernen sie, das „nein" als Ablehnung eines Wunsches in einer bestimmten Situation wahrzunehmen und es nicht als Ablehnung der gesamten Person umzudenken.

Natürlich ist dieser Weg nicht so geradlinig, wie er sich hier im „Zeitraffer" darstellt. Beide erleben zwischenzeitlich das mühsam gelernte und vielleicht am Anfang etwas trotzig vorgebrachte „nein" des Partners als Verletzung oder Zurückweisung. Und beide müssen erst modellhaft in gemeinsamen Therapiesitzungen, später allein klären, daß mit dem „nein" eben nicht die Ablehnung der Gesamtperson gemeint ist. Trotzdem gelingt es ihnen, unter einem Haufen von Schutt ganz langsam ihre verlorengegangene Zuneigung füreinander wieder auszugraben. Dabei wird ihnen bewußt, daß es außer dem gemeinsamen Kind noch etwas zwischen ihnen gibt, wofür es sich in der Therapie zu lernen lohnt.

An diesem Punkt lassen sich verschiedene Schwierigkeiten aufzeigen, mit denen KlientInnen in der Therapie zu kämpfen haben:

- Das Erkennen, daß ein anderes Verhalten, Denken oder Fühlen sinnvoller wäre, heißt noch nicht, das Erkannte auch gleich anwenden zu können.
- Zum Üben des neuen Verhaltens braucht man häufig viel Geduld.

Gerade in Paarbeziehungen, in denen die alten Muster „eingeschliffen sind" und wir deswegen am verletzlichsten sind, weil wir hier unsere allerursprünglichsten Erfahrungen von Liebe und Verletzung überprüfen und verändern müssen, sind Partner

manchmal besonders entmutigt, wenn sie erneut solche Konflikte und Verletzungen schaffen und erleben, die sie bereits überwunden glaubten. Hier ist daher Geduld sowohl für den/die
KlientIn als auch für den/die TherapeutIn ganz besonders
wichtig.

Die Grundpositionen

Die Grundposition – auch Grundeinstellung genannt – sagt etwas darüber aus, wie wertvoll Sie sich im Vergleich zu anderen
Menschen empfinden. Dies ist sicher zu verschiedenen Zeiten
und Situationen unterschiedlich, jedoch neigt man vor allem in
kritischen (Streß-) Situationen dazu, eine bestimmte, meist auch
sonst unterschwellig vorhandene Position einzunehmen:

1. *Ich bin nichts wert, aber du.*
(wobei „Du" auch mehrere oder alle anderen sein können)

Menschen mit dieser „depressiven Grundeinstellung" leiden an
Minderwertigkeitsgefühlen und traurigen Stimmungen bis hin
zu Suicidideen oder -handlungen. Sie klagen und ziehen sich
zurück oder aber, sie klammern sich an und richten sich nach
anderen Personen, deren Wert sie überbetonen. Sie verhalten
sich meistens aus der überangepaßten Kind-Haltung.

2. *Ich bin etwas wert, aber du nicht.*

Menschen mit dieser „wahnhaften Grundeinstellung" zeigen
eine arrogant überhebliche oder eine überzogen hilfreiche und
fürsorgliche Haltung. Aus beiden Haltungen fühlen sie sich irr-
tümlicherweise anderen überlegen. Sie beweisen den anderen
diese Überlegenheit, indem sie sie herablassend kritisieren oder
indem sie ihnen ungebeten helfen. Sie verhalten sich dann häufig
aus einer überkritischen oder überfürsorglichen Eltern-Haltung,
sind jedoch sehr schnell in ihrem „Selbstbewußtsein" angreifbar.

Meiner Erfahrung nach stellt diese Grundposition häufig die Kompensation einer zugrundeliegenden sehr tiefen Angst oder Verzweiflung dar, die so schmerzhaft ist, daß sie durch die Position der Überlegenheit abgewehrt werden muß.

3. Ich bin nichts wert und du auch nicht.

Menschen mit dieser „Grundposition der Sinnlosigkeit" erleben weder bei sich noch bei anderen irgendeinen Wert. Diese verzweifelte Grundeinstellung ist manchmal nicht offensichtlich, sondern unter Unauffälligkeit und oberflächlichem Erfolg verborgen. In Streßsituationen kommt sie jedoch an die Oberfläche und bestimmt das Handeln.

Menschen mit den ersten beiden Grundpositionen können dann in diese Position der Verzweiflung „abrutschen", wenn beispielsweise der überbewertete Partner sich abwendet (Position 1) oder der erfolgsgewohnte Helfer sich seines Versagens bewußt werden muß (Position 2).

Außer der Erwachsenen-Haltung und der des freien Kindes können hier alle anderen Haltungen zum Tragen kommen.

4. Ich bin etwas wert und du auch.

Menschen mit dieser Grundeinstellung billigen sich und anderen Personen die gleiche Wichtigkeit zu. Ein solcher Mensch akzeptiert, daß eine andere Person anders ist. Und wenn er sich z. B. über deren Verhalten ärgert oder es nicht richtig findet, so beurteilt er das Verhalten, nicht jedoch den Wert der Person.

Ich halte diese vierte Grundposition für erstrebenswert, jedoch nicht für selbstverständlich und immer realisierbar. Denn meiner Erfahrung nach haben fast alle Menschen ursprünglich eine der drei zuerst genannten Grundpositionen angenommen. Viele Personen können zwar im Laufe ihres Wachstums die einschränkenden Grundpositionen überwinden und für kürzere oder längere Zeit die „gesunde" Einstellung einnehmen. In Begegnungen mit anderen und der Auseinandersetzung mit den Anforderungen des (Berufs-) Alltags aber können sie leicht wieder in die alte „ungesunde" Grundposition hinüberwechseln. Sie brauchen dann die Fähigkeiten ihres Erwachsenen-Ich-Zustandes, um sich diesen Wechsel bewußt zu machen und wieder die „gesunde" Einstellung einzunehmen. In Anlehnung an Fanita English, eine amerikanische Transaktionsanalytikerin, bezeichne ich daher diese Grundposition, die aus dem Auseinandersetzungsprozeß um die sich und den anderen akzeptierende Haltung erwächst, als „Ich bin OK – Du bist OK realistisch".[11]

Welche Grundposition für uns zutrifft, hat jeder von uns schon früh in seiner Kindheit (bis etwa zum 3. Lebensjahr) entschieden, indem er aus dem Maß und der Qualität der Zuwendung und Wertschätzung, die er von anderen erhielt, aus den Erfahrungen, die er mit seinen Bezugspersonen machte, auf seinen eigenen Wert schloß. Mit anderen Worten: Wir legen ganz früh in unserem Leben die Meinung über unseren eigenen Wert fest. Das heißt auch, daß unser gesamter Lebensplan auf diesen Grundpositionen basiert, und daß wir bestimmte Ich-Zustände aktivieren und bestimmte Transaktionsabfolgen, Gefühle und Denksysteme benutzen, um diese Grundposition immer wieder zu verfestigen. Denn fatalerweise liefert die Grundposition ebenso wie das gelernte Streichelmuster die Sicherheit, die wir in unseren Kind-Ich-Anteilen als lebensnotwendig erachten.

Peter H. z. B. tendiert dazu, sich immer wieder die Grundposition zu bestätigen, daß er weniger wert ist als die anderen. Jochen J. ist ein Mann, der die Position des Überlegenen und Hilfreichen einnimmt und damit eine tiefe Verzweiflung vermeidet. Bärbel J. schließlich nimmt die Position ein, sich minderwertig zu fühlen bzw. sich und die anderen als wertlos zu erachten.

---

11 In der Literatur der TA werden die Grundpositionen häufig mit den Kennzeichen „OK" für wertvoll und „nicht OK" für nicht wertvoll bzw. „+" und „-" wiedergegeben. Ich habe diese Ausdrucksweise hier vermieden, da dieser Sprachgebrauch m.E. dazu beigetragen hat, der Transaktionsanalyse einen „Geruch" von Oberflächlichkeit zu verleihen.

In den weiteren Abschnitten wird deutlich werden, welche inneren und äußeren Mechanismen bei allen drei Personen wirksam werden, um an dieser „sicherheitsgebenden" Grundposition festzuhalten.

Spiele

Kennen Sie Unterhaltungen, die friedlich beginnen und am Ende ein Unbehagen zurücklassen? Dann haben Sie vermutlich jene Kommunikationssequenz erlebt, die wir in der Transaktionsanalyse als „Spiel" bezeichnen. Darunter verstehen wir eine bestimmte vorhersagbare Abfolge von Transaktionen zwischen zwei oder mehreren Personen, an deren Ende sich alle Beteiligten unwohl fühlen. Dabei werden die Grundpositionen bestätigt und Ersatzgefühle (s. nächster Abschnitt) ausgelebt.

Spiele haben insofern einen „verführerischen" Charakter, als ein Spieler dabei eine bestimmte Rolle einnimmt, durch die andere Personen dazu eingeladen werden (sollen), eine komplementäre Rolle zu übernehmen. Im Rahmen dieser Rollen tauschen die Spielpartner nach jenen Mustern Zuwendung und Beachtung aus, die sie in früher Kindheit gelernt haben.

Wie in einem klassischen Drama haben Menschen dabei drei bevorzugte Rollen entwickelt:

Das Opfer

In der Opfer-Rolle verhält sich eine Person so, daß es ihr immer schlecht geht. Ihr wird von anderen übel mitgespielt, sie fühlt sich klein, dumm und unterlegen. Sie braucht Hilfe für Dinge, die sie selbst erledigen könnte, wenn sie ihr Erwachsenen-Ich und Eltern-Ich mit Energie besetzen würde. Eine Opfer-Spielerin bringt z. B. ihren Ehemann immer wieder dazu, alle Behördengänge für sie zu erledigen. Ein Mann in der gleichen Rolle versteht es, sofort, nachdem seine Partnerin ihn verlassen hat, eine neue Freundin zu finden, die ihm liebevoll-fürsorglich immer wieder klar macht, daß er an dem Verlassenwerden keinen Anteil hatte. Ein anderer Opfer-Spieler kommt notorisch jeden Morgen 5 – 10 Minuten zu spät zur Arbeit und beklagt sich dann jammernd bei den Kollegen über die Rüge des Vorgesetzten.

Während die ersten beiden Personen gelernt haben, daß sie mit abhängigem Verhalten Zuwendung erfahren, hat die dritte Person gelernt, über Rebellion zumindest negatives Streicheln zu sichern. Alle reagieren aus der Kind-Ich-Haltung, entweder aus der Überanpassung oder aus der Rebellion.

Der Retter

Eine ergänzende Rolle für die Opfer-Position ist die Rolle des Retters. Aus dieser Rolle hilft er/sie anderen ungefragt und stellt dabei eigene Bedürfnisse zurück. Es geht ihm/ihr gut, wenn er/sie anderen helfen kann. Eine Frau tröstet z. B. die Nachbarin, die mit dem Ehemann immer wieder Ärger hat, oder weiß ganz genau, welches Essen ihrem Mann gut tut (auch, wenn es nicht sein Lieblingsessen ist). Auch ein Vorgesetzter, der für „alle Probleme ein offenes Ohr hat", ein Arzt ohne Freizeit ebenso wie der Mann, der alle Reparaturen in der Nachbarschaft ausführt, sie alle können aus der Retterrolle heraus agieren. Eine solche Retterperson wurde häufig schon früh für die Übernahme von Verantwortung gelobt, war Mamas „kleiner Mann" oder Muttis „große Stütze" oder oft auch Papas „Beste", weil sie ihn „besser verstand als die Mama".

Wer die RetterIn-Rolle einnimmt, reagiert aus der überfürsorglichen Haltung und braucht die beiden oben beschriebenen Opfer-Positionen gerade so, wie diese ihn/sie brauchen, damit es zu einem Spiel kommt.

Der Verfolger

Die zweite ergänzende Rolle zu der des Opfers ist die des Verfolgers. Eine Person in dieser Rolle braucht andere, die unterlegen oder provokativ sind, um ihnen zu zeigen, daß sie nicht in Ordnung sind. Das kann z. B. der Vorgesetzte sein, der das notorisch unpünktliche „Opfer" braucht, um ihm keine sachliche Kritik, sondern eine persönlich abwertende Rüge zu erteilen: „Ich soll sie wohl demnächst persönlich anrufen, damit sie zum Dienst erscheinen!" Eine Mutter, die ihr Kind für Fehler bei den Hausaufgaben unnachsichtig bestraft, kann ebenso die Verfolgerrolle innehaben wie ein politischer Redner, der behauptet, daß der Redner der anderen Fraktion es wie üblich versäumt habe, sich ein klares Bild von dem Problem zu machen.

Der/die InhaberIn der Verfolger-Rolle reagiert aus dem überkritischen Anteil des Eltern-Ich-Zustandes und wurde als Kind vermutlich für seine Überlegenheit anderen gegenüber gelobt oder aber erlebte starkes Rivalitätsverhalten: Denn, wer nicht überlegen ist, ist unterlegen, und dafür muß man sich schämen.

Manchmal wurden diese „dramatischen Rollen" nicht nur gelernt, weil das Kind dafür immer wieder Beachtung erhielt, sondern auch, weil es beobachten konnte, wie die Eltern für bestimmte Rollenverhalten Beachtung erfuhren. In jedem Falle wurden diese Rollen ein Teil des Lebensplanes. Von daher hat auch jede beteiligte Person das gleiche Maß an Verantwortung, wenn Menschen auf diese Weise skriptabhängig in einen Dialog treten.

„Opfer" und „Retter" bzw. „Opfer" und „Verfolger" „brauchen" sich gegenseitig, um die früh gelernten Rollen mit ihren Kommunikationsmustern auszuleben.

Nach einem bestimmten Ablauf von Transaktionen erfolgt sodann als wesentliches Merkmal eines Spieles ein Rollenwechsel. Das heißt z. B., daß eine Person, die aus der Opferrolle heraus Hilfe von einer Retter-Person erheischt, sich plötzlich von dieser

„kindlich" behandelt vorkommt (de facto besetzt sie dabei auch ihren Kind-Ich-Zustand mit Energie), in den kritischen Eltern-Ich-Zustand wechselt und die Retter-Person für ihr Verhalten „anklagt", so daß diese in die Kind-Position wechselt und die Opfer-Rolle einnimmt, während das „Opfer" die Verfolgerrolle einnimmt.

Als Beispiel für einen solchen Kommunikationsablauf wird das folgende Gespräch zwischen Bärbel und Jochen wiedergegeben:

Jochen	Bärbel	Erläuterungen
	klagend: „Jutta (Tochter) war heute mal wieder unheimlich nervig."	
verstehend: „War sie denn wieder so trotzig?"		
	klagend: „Trotzig ist milde ausgedrückt, sie war stinksauer, daß sie nicht fernsehen durfte und hat rumgeschrien und die Türen geknallt."	R → Retter-Position O → Opfer-Position V → Verfolger-Position
besorgt fragend: „Warum hast du sie denn nicht in ihr Zimmer geschickt?"		
	klagend: „Ja, aber wie stellst du dir das denn vor? Dann hätte sie doch noch mehr getobt."	

In der Spalte Erläuterungen ist das Drama-Dreieck dargestellt: oben links R (Jochen), oben rechts V^{12}, unten O (Bärbel).

---

12 Zur graphischen Darstellung des dramatischen Verlaufs kann ein Dreieck, das sog. Drama-Dreieck, oder die Aufzeichnung von Transaktionen dienen.

Jochen	Bärbel	Erläuterungen
beratend: „Du hättest ihr ja sagen können, wie ungesund das viele Fernsehen ist."		
	klagend: „Aber mit ihr ist doch in solchen Situationen gar nicht zu reden."	
fürsorglich: „Na, ich kann ja mal eine generelle Absprache mit ihr treffen, wieviel Stunden sie in der Woche überhaupt gucken darf."		
	ärgerlich: „Ach, nee! Das ist ja mal wieder typisch! Nach Hause kommen und Ratschläge geben. Du bist doch den ganzen Tag nicht da und weißt gar nicht, was hier läuft! Aber du kannst es natürlich mal wieder lösen."	R ——— V Bärbel O Jochen

Jetzt hat ein Rollenwechsel und damit auch ein Wechsel der Ich-Zustände stattgefunden. Es gibt einen Moment der Stille und Verblüffung, dann geht Jochen aus dem Raum. Er fühlt sich unzulänglich und meint: „Ich kann mich anstrengen wie ich will, es bringt nichts." Bärbel fühlt sich ärgerlich und sagt sich: „Ich hab's ihm mal wieder nicht recht gemacht, und schon ist er beleidigt!" Mit diesen Sätzen können sich beide ihre Grundpositionen bestätigen. Bärbel fühlt sich nichts wert und bestätigt sich: Wenn ich ihm widerspreche, kriege ich Ärger. Jochen erlebt kurzfristig sich und Bärbel als nicht in Ordnung und bestätigt sich, daß er sich immer anstrengen muß, damit andere zufrieden sind. Damit ist er in der Überlegenheitsposition. Beide haben auf diese Art

70

ihre Kindheitsentscheidungen über die vermeintlich notwendigen Anpassungsmuster verfestigt.

Das Dilemma bei dieser Form der Kommunikation besteht zusätzlich auch darin, daß beide eigentlich einen schönen Abend miteinander verbringen wollten und mit ihrem Erwachsenen-Ich gar nicht nachvollziehen können, wieso sie am Ende des kurzen Gesprächs die gespannte Atmosphäre erleben. Vielleicht könnten sie es besser verstehen, wenn sie wüßten, daß man ein Spiel auch als den verzweifelten Versuch eines Kindes definieren kann, ein neues Ende für ein altes Drama zu finden, z. B. beachtet, geliebt und gesehen zu werden, wie es wirklich ist. Um dieses Ziel zu erreichen, greifen Menschen jedoch häufig auf die alten Anpassungsmuster zurück und erreichen dann in den gegenseitigen Vorhaltungen das genaue Gegenteil.

Um es noch einmal ganz deutlich zu sagen: Nicht immer besteht unser Verhalten aus Spielen, nicht immer streben wir das Erleben unserer Nicht-OK-Position an. Wir können uns erwachsen, d. h. problemlösend und bedürfnisbefriedigend verhalten und bekommen dann auch meistens die „echte" Beachtung, die wir suchen. Fatalerweise greifen wir, wie schon erwähnt, besonders dann nach den vertrauten, skriptabhängigen, einschränkenden Reaktionsweisen, wenn wir uns zuwendungsbedürftig, problembeladen oder „im Streß" befinden.

Wie der/die TherapeutIn mit Spielen umgeht

In einer Sitzung mit dem Ehepaar J. wird die oben beschriebene Konfliktsituation berichtet und der Ablauf mit Hilfe des Drama-Dreiecks analysiert. Nachdem ich die einzelnen Transaktionen aufgezeigt habe, kommt es zu einem Moment des Schweigens. Beide sind sehr betroffen:

Jochen	Bärbel	Therapeutin	Erläuterungen
	Ich will doch gar nicht dauernd leiden, ich will doch was ganz anderes!		
		Was ist das, was du anderes willst?	Therapeutin regt zum Denken an.
	– schweigt –		
Vielleicht willst du ja ...			In typischen Rollenverhalten springt Jochen sofort ein, wenn Bärbel Hilflosigkeit signalisiert.
		Moment mal bitte, Jochen. Laß Bärbel ihren Raum. Es ist wichtig, daß sie selbst heraus- findet, was sie will.	
	Das stimmt. Aber es fällt mir wirklich schwer zu sagen, was ich will. Ich bin wie vernagelt.		
		Willst du mal konkret die Situation bedenken, die ihr vorhin berichtet habt?	Therapeutin regt zum Denken an. Vermeidet dabei, für Bärbel zu denken.

72

Jochen	Bärbel	Therapeutin	Erläuterungen
	Ja, da habe ich mich eigentlich auf Jochen gefreut, aber ich war auch wirklich genervt von Jutta.		
		Und was hättest du von Jochen gebraucht, als er kam?	
	Ja, irgendwie sein Verständnis.		
		Und was hast du bekommen?	
	Er war so väterlich und überheblich, so von oben herab: „Ich kann ja eine generelle Absprache mit ihr treffen."		
Ich wollte dir doch helfen, weil ich gesehen habe, wie genervt du warst.			

Jochen	Bärbel	Therapeutin	Erläuterungen
	Aber ich fühle mich dann bevormundet und irgendwie noch kleiner und mickriger, als ich mich nach dem mißglückten Nachmittag sowieso schon fühlte.		
		Das erste, was du an dem Abend zu Jochen gesagt hast, war eine Klage darüber, wie nervig Jutta war. Hast du eine Idee, wie du damit das Verhalten von Jochen, was du später als Bevormundung erlebt hast, provoziert hast?	
	Meinst du, daß ich geklagt habe? Aber ihr Verhalten war doch wirklich schlimm.		

Jochen	Bärbel	Therapeutin	Erläuterungen
		Du hast über Jutta geklagt, aber nicht über dich gesprochen. Wie hast du dich denn gefühlt?	Therapeutin gibt Informationen über die Fakten, mit denen Bärbel zum Spiel eingeladen hat.
	Ich war ganz ärgerlich auf Jutta – (Pause) – und auch auf mich. Erst war ich ärgerlich auf Jutta und dann auf mich, weil ich denke, als gute Mutter müßte ich einen solchen Wutausbruch besser meistern können. Und irgendwie habe ich mich geschämt für meinen Ärger. (Dabei kommen ihr die Tränen.)		
		Du warst ganz unglücklich über dein Verhalten. Wie wäre das gewesen, wenn du Jochen direkt mitgeteilt hättest, wie du dich fühltest?	
	Ganz neu.		

75

Jochen	Bärbel	Therapeutin	Erläuterungen
		Willst du's mal probieren? Hier und Jetzt, als wäre es in der besprochenen Situation? Jochen, ist das für dich auch in Ordnung?	
Ja.			
	Wendet sich zu Jochen: „Ja, Jochen, ich bin wütend über Jutta und gleichzeitig unglücklich darüber, daß ich wütend bin."		
schweigt			
		zu Jochen: Was geht in dir vor, wenn Bärbel das so sagt?	
Ich kann verstehen, daß das so ein innerer Knoten für sie ist, und gleichzeitig denke ich: „Ich muß was tun, ich muß was tun!"			

Jochen	Bärbel	Therapeutin	Erläuterungen
		Denn wenn ich nichts tue, dann ... Wie geht der Satz für dich weiter?	
... dann bin ich schuld, wenn's ihr schlecht geht.			
	Das stimmt doch gar nicht.		
		Ja, eben, das ist das Problem. Jochen fühlt sich verantwortlich für dein Wohlergehen.	
	Dabei war das mit dem inneren Knoten schon toll. Das tat richtig gut.		
erstaunt: Das tat gut?			
	Ja, ich fühlte mich verstanden und hatte spontan das Bedürfnis, dir von meinem inneren Konflikt mit der Wut zu erzählen.		
Das sowas Kleines gut tut. (Jochen guckt ganz ungläubig.)			

77

Jochen	Bärbel	Therapeutin	Erläuterungen
		Wo du doch immer meinst, dich ganz viel anstrengen zu müssen, damit es Bärbel gut geht.	
	Ich bin ganz durcheinander, weil ich noch nie so gemerkt habe, daß sich Jochen für mich anstrengt.		
		Sag' das direkt zu Jochen.	
	Zu Jochen: Ich habe noch nie gemerkt, daß du dich für mich so anstrengst.		
Doch, Bärbel, es stimmt, ich überlege ganz viel, was ich tun kann, damit es dir gut geht.			Therapeutin läßt hier Raum, damit beide ihre Betroffenheit und auch die Nähe zwischen sich spüren können, nachdem sie sich offen geäußert haben.
		Nach einer Weile: Bärbel, weißt du, was du dazu getan hast, daß Jochen auf die Bemerkung mit dem Knoten gekommen ist?	
	Ja, ich habe gesagt, wie es mir zumute ist.		

78

Im weiteren Verlauf des Gesprächs greife ich noch einmal auf, daß Jochen sofort einspringen wollte, als Bärbel auf meine Frage hin schwieg. Dabei wird beiden noch klarer, wie automatisch er „anspringt", wenn sie schweigt, und wie sehr sie sich daran gewöhnt hat, nicht selbst zu denken.

Bärbel erinnert in diesem Zusammenhang, wie oft ihre Eigenständigkeit als Kind z. B. mit einem Satz wie „Das Denken sollst du den Pferden überlassen, die haben einen größeren Kopf" getadelt wurde. Sie beschließt, in Zukunft mehr zu denken und zu äußern, was sie denkt und fühlt, anstatt zu leiden.

Jochen findet in den folgenden Sitzungen heraus, daß er sich heute ebenso sehr anstrengt, um von Bärbel beachtet und geliebt zu werden, wie er sich damals für Mutter bemühte, sie aus ihrem Leiden zu befreien. Und ebenso vergeblich wie bei Mutter (denn diese blieb in ihrer unerfreulichen Ehe) erlebt er sich in seiner Anstrengung für Bärbel (denn auch sie leidet immer weiter). Er versucht mit den alten Mitteln (einer Anstrengung) dem alten Drama ein neues Ende zu geben, nämlich sich endlich geliebt zu fühlen. Ein „Zeichen" für diese Liebe ist für ihn die Sexualität. Wenn Jochen mit Bärbel schlafen „darf" (so erlebt er es), fühlt er sich angenommen und akzeptiert.

Das oben beschriebene Spiel lief in wenigen Minuten ab. Menschen können Dramarollen jedoch auch langfristig miteinander ausleben, so z. B. die Ehefrau, die jahrelang aus der Retterposition heraus „alles für ihren Mann tut", bis er – bislang in der Opferrolle – sich „nicht mehr länger bevormunden läßt" und ein außereheliches Verhältnis eingeht. Ein langfristiges Spiel besteht z. B. auch in dem Verhalten eines Geschäftsmannes, der seinem Mitinhaber aus der Verfolgerrolle heraus immer wieder vorwirft, daß dieser es ohne ihn längst nicht so weit gebracht hätte. Der Mitinhaber erträgt dies in der Opferrolle solange, bis er bei einer günstigen Gelegenheit sein Kapital aus der Firma zurückzieht, so daß sein ehemaliger Partner nahe am Bankrott steht.

Einzelne Personen können nicht nur unterschiedliche Rollen in einem laufenden Spiel einnehmen (sonst könnte es nicht zum

Rollenwechsel kommen), sondern eine Person kann auch in unterschiedlichen Situationen konstant unterschiedliche Rollen einnehmen. Sie kann sich z. B. im Beruf aus der Retter-Rolle und in ihrer Partnerbeziehung aus der Opfer-Position heraus verhalten. Betrachtet man jedoch die „Menge" aller Spielpositionen, die eine Person einnimmt, so zeichnet sich häufig eine generell bevorzugte Position ab.

Einige besonders typische Spielverläufe wurden in der Transaktionsanalyse mit Namen versehen, z. B. „Jetzt hab' ich dich, du Schweinehund", bei dem eine Person aus der Verfolgerrolle heraus der anderen Fehler vorwirft. Ein anderes Spiel, das mit Vorwürfen aus der Verfolgerrolle beginnt, ist das „Tumult-Spiel", bei dem ein Streit vom Zaun gebrochen wird, um Nähe zu vermeiden.

Ein beliebtes Opfer-Spiel ist das „Ja, aber"-Spiel, bei dem ein „Opfer" einen „Retter" immer wieder zu Ratschlägen verleitet, die dann solange mit „Ja, aber" abgeschmettert werden, bis die Person in der Retter-Rolle in die Verfolger-Rolle oder der Opfer-Rollen-Inhaber zum Verfolgenden wird. Beim „Tritt-mich-Spiel" unternimmt ein „Opfer" alles, um sich zunächst Tadel oder Kritik einzuhandeln und anschließend den Kritiker anzuklagen. Beim Spiel „Überlastet" zieht der „Retter" so viele Aufgaben auf sich, daß er am Ende als erschöpftes „Opfer" zusammenbricht.

Das Benennen von dramatischen Rollen und Spielen hat sich zwar einerseits als hilfreich erwiesen, um immer wiederkehrende Muster sozusagen mit einem „Kennwort" zu versehen und dann beim Nennen dieses Kennwortes auf einen ganzen Verhaltensablauf aufmerksam zu werden. Gleichzeitig kann diese Benennung selbst jedoch wieder zum Spiel werden, indem man aus der Verfolgerrolle heraus andere dafür anklagt, daß sie jetzt z. B. wieder „ja, aber" spielen. Außerdem lädt das Wort „Spiel" dazu ein, das beschriebene Geschehen als „spielerisch und leicht" zu betrachten, so daß die Not, aus der heraus ein Kind eine dramatische Rolle lernt, weil es meint, dies sei ein Weg, die notwendige Zuwendung zu erlangen, nicht deutlich wird. Deshalb ist es für

80

TherapeutInnen ebenso wie für Laien wichtig, mit diesem Begriff sorgfältig und verstehend, nicht aber anklagend umzugehen.

Nicht immer muß ein Verhaltensablauf aus den beschriebenen Rollen heraus mit dem spieltypischen Rollenwechsel enden. Manchmal „reicht" einfach das Ausagieren des gelernten Rollenverhaltens, um das Zuwendungsdefizit auszugleichen. Es muß zu keinem Rollenwechsel kommen (s. Symbiose).

Je nach Lebensplan (s. Skript) werden Spiele in unterschiedlichen Intensitätsgraden gespielt. Das oben genannte Beispiel des Ehepaares B. und J. hat eine geringe Tragweite, es dient dazu, das übliche Streicheln zu erlangen. Dies wird als Spiel 1. Grades bezeichnet. Eine heftigere Auseinandersetzung zum gleichen Thema, in der es zu sehr verletzenden Äußerungen bzw. zu Tätlichkeiten kommt, ist ein Spiel 2. Grades. Die Spieler versuchen dieses häufig vor der Öffentlichkeit zu verbergen. Eskaliert diese Auseinandersetzung z. B. bis zur Scheidung, so spricht Berne von Spielen 3. Grades. D. h., ein Spielausgang 3. Grades hat immer sehr gravierende, häufig sogar irreversible Folgen, wie z. B. eine Strafanzeige, einen Psychiatrie-Aufenthalt, eine schwere Krankheit oder Selbstmord.

In der transaktionsanalytischen Therapie werden solche Kommunikations- und Verhaltensabläufe aufgezeigt, gestoppt und alternative – autonome – Beziehungs- und Handlungsmuster gelernt, z. B. Gefühle direkt auszudrücken, Bedürfnisse zu spüren und zu sagen oder direkt um Zuwendung zu bitten. Darüber hinaus erfahren die KlientInnen, welche frühen Erfahrungen die heutige dramatische Rolle bedingen, und daß man die alten Muster nicht als unabänderliches Schicksal erdulden muß.

Gefühle und Ersatzgefühle

Mit Gefühlen antworten Menschen auf bestimmte Bedingungen. Wenn man sich wohlfühlt, Bedürfnisse nicht befriedigt werden, jemand sich bedroht fühlt oder wenn ein Verlust erlitten wird, so

reagieren wir darauf mit einem Gefühl. In der Transaktionsanalyse nehmen wir vier authentische Gefühle an, die als Reaktion
auf die o.g. Bedingungen erfolgen können: Freude, Ärger, Angst
und Trauer. Sie dienen bis auf Freude auch dazu, Hinweise auf
ein bestimmtes Problem zu geben. Angst warnt und bewirkt
schützendes Verhalten. Trauer zeigt uns, daß wir einen Verlust
erlitten haben und Abschied nehmen müssen. Ärger zeigt, daß
wir eine Barriere beseitigen müssen, die der Erreichung unseres
Ziels entgegensteht. Ist das Problem gelöst, so klingt das Gefühl
ab, und man fühlt sich wohl bis hin zur Freude[13], die uns zeigt,
daß unsere Grundbedürfnisse erfüllt sind und daß unser Zustand so bleiben kann, wie er ist.

Ersatzgefühle lernen wir, weil unsere authentischen Gefühle
nicht in das Erfahrungsmuster der Eltern paßten und diese z. B.
durch unsere Trauer „peinlich berührt" waren, oder weil unsere
Gefühle bestimmtem gesellschaftlichen Normen nicht entspra-
chen (Mädchen sollen nicht aggressiv, Jungen nicht traurig oder
ängstlich sein), oder weil unsere Eltern selbst Modelle für Ersatzgefühle darstellten. Ähnlich dem Umgang mit Streicheln gibt es
in jeder Familie ein „Gefühlsmuster", durch das festgelegt wird,
welche Gefühle erlaubt und welche verboten sind. Wenn eines
der authentischen Gefühle nicht zu einer Familie „paßt", so lernt
das Kind, dieses Gefühl mit einem „erlaubten" Gefühl, dem sog.
Ersatzgefühl, zu verdecken. Als Ersatzgefühle können Empfindungen wie Einsamkeit oder Überlegenheit, aber auch Schuld-
gefühle dienen. Auch authentische Gefühle können als Ersatzgefühl fungieren, bspw. kann Angst mit Ärger verdeckt werden.

Als Erwachsener reagieren wir dann in bestimmten Situationen eher mit dem Ersatzgefühl als mit dem authentischen.

Ersatzgefühle halten länger an als autonome Gefühle, sind
manchmal sogar „chronisch" und bewirken keine Lösung eines

---

13 Dabei erleben wir manche authentischen Gefühle wie etwa Trauer durchaus
wellenartig. Ein trauernder Mensch kann z. B. herzlich lachen, wenn seine
Trauer abklingt, und nach dem Lachen kann er wieder eine Woge von Trauer
erleben.

Problems. Manche Menschen „baden" in ihrem Lieblings-Ersatz-Gefühl, das „Opfer" z. B. in seinem dauernden Unglücklichsein, der „Verfolger" in seinem Ärger und der „Retter" in seinem Überlegenheitsgefühl. Trotzdem ist ein Ersatzgefühl kein „gespieltes Gefühl". Für die Person, die es gerade fühlt, ist es ebenso wirklich wie ein authentisches.

Ersatzgefühle werden in unterschiedlichen Streß-Situationen erlebt und begleiten fast immer ein Skript-Verhalten. Skriptzugehöriges Verhalten ist wie das Spielverhalten ein Element des Lebensplanes, das dazu dient, der Umwelt die Reaktionen zu entlocken, die als Bedürfnisbefriedigung gelernt wurden.

Ersatzgefühle und Skriptverhaltensweisen sind an sog. Skriptglaubenssätze gekoppelt. Dies sind vorlogische Annahmen über sich, die anderen und die Welt. Skriptglaubenssätze, Skriptverhaltensweisen und Ersatzgefühle bilden zusammen ein Skriptsystem, das sich selbst verstärkt und durch das wir die Glaubenssätze über uns selbst immer wieder bestätigen und die authentischen Gefühle unterdrücken können.

Peter H. erlebt sich häufig als ängstlich. In seiner Kindheit wurde er von seiner überbehütenden Mutter liebevoll versorgend behandelt, wenn er ängstlich war. Er mußte sich z. B. bei Konflikten nicht mit Altersgenossen auseinandersetzen, sondern seine Mutter nahm Kontakt mit den Müttern der anderen Beteiligten auf, um die Angelegenheit zu regeln. Peter erfuhr also für ängstliches Verhalten Zuwendung von Seiten der Mutter. Aggressiv-ärgerliches Verhalten dagegen war verboten. Verhielt Peter sich laut und aggressiv, so war seine Mutter ganz betroffen, ja sogar leidend. Diesen Zustand wollte P. auf jeden Fall vermeiden, da er Erinnerungen an die Zeit ihres Krankenhausaufenthaltes weckte. Außerdem hatte er im Vater ein Modell: er erlebte ihn nie offen ärgerlich. Zudem redete der Vater ihm oft „gut zu" und predigte immer wieder die Notwendigkeit von guten Leistungen, auch im Betragen. Unter diesen Bedingungen lernte Peter, Ärger zu vermeiden und sich statt dessen im Sinne eines Ersatz-Gefühls häufig ängstlich zu fühlen.

Ebenso hatte er gelernt, Trauer zu unterdrücken. Er vermutete, daß die Verwandten, die ihn betreuten, als seine Mutter im Krankenhaus lag, seiner Sehnsucht nach Mutter mit Aussprüchen wie „Jungens weinen doch nicht" begegneten. Andererseits fühlten sie sich sehr verantwortlich für ihn, wollten gut auf ihn aufpassen und untersagten ihm daher alle gefährlichen Unternehmungen und Spiele. Auch dies unterstützte die Entwicklung seines Ersatz-Gefühls Angst.

Heute hält Peter H. ein Skript-System aufrecht, wenn er sich innerlich sagt: „Alle anderen sind besser als ich" (s. diagnostische Überlegungen). Dieser Skript-Satz, eine Trübung seines Erwachsenen-Ich-Zustandes, steuert sodann sein Verhalten. Tatsächlich verhält er sich dann seinen Schülern gegenüber unsicher und wenig überzeugend und fühlt sich dabei ängstlich. Kritische Äußerungen seiner Schüler oder Unruhe in der Klasse erlebt er dann als Bestätigung seiner Auffassung, daß alle anderen besser sind als er (... daß dies bei anderen Lehrern nicht vorkommt). Damit besitzt er ein bereits in seiner Kindheit entwickeltes System, das sich selbst verstärkt und seine negative Sicht von sich selbst rechtfertigt. Häufig erinnert er sich in solchen Augenblicken sogar noch an Vaters Aussprüche wie „Nur, wenn du dein Bestes gibst, wirst du es zu etwas bringen". Das verdeckte authentische Gefühl in seinem Fall ist Ärger. Dies kann „alter" Ärger sein aus der Zeit, wo er ständig Vaters Leistungsanforderungen ausgesetzt war, oder aber Ärger aus der gegenwärtigen Zeit, wenn sein Schulleiter überzogene Leistungen von ihm fordert, auf die Peter H. jedoch mit Angst reagiert.

Wie der/die TherapeutIn mit Gefühlen, Ersatzgefühlen und den Skriptsystemen[14] umgeht

Ich lasse mir von Peter H. eine angstbesetzte Situation schildern und erarbeite mit ihm das sog. Skript-System, das ich auch an die Tafel male:

---

14 Im Unterschied zum Konzept des Skriptes, in dem alle seine Elemente zusammengefaßt werden, beinhaltet das Skript-System nur einige Elemente, betont jedoch in besonderem Maße, wie das Skript durch einen sich selbst verstärkenden Kreislauf in der Gegenwart aufrecht erhalten wird.

Abb. 15: Skript-System von Peter H.

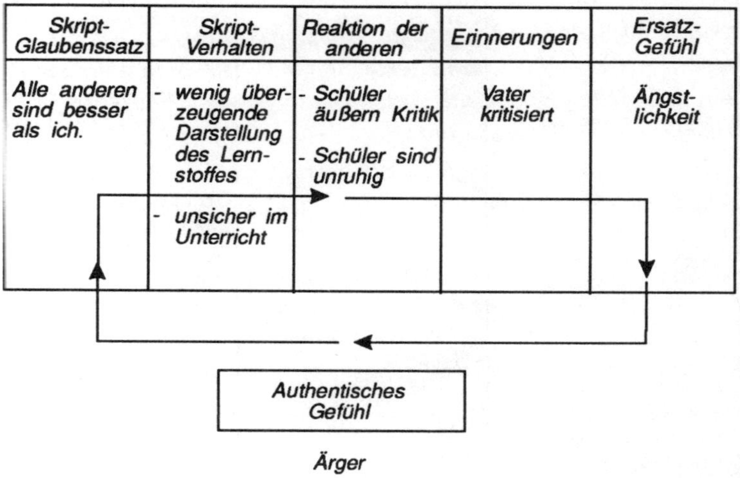

Skript-Glaubenssatz	Skript-Verhalten	Reaktion der anderen	Erinnerungen	Ersatz-Gefühl
Alle anderen sind besser als ich.	- wenig überzeugende Darstellung des Lernstoffes - unsicher im Unterricht	- Schüler äußern Kritik - Schüler sind unruhig	Vater kritisiert	Ängstlichkeit

Authentisches Gefühl

Ärger

Peter ist sehr erstaunt über dieses Regelkreissystem und bezeichnet es als „Teufelskreis, aus dem man nicht heraus kann". Auf meine Frage, ob denn wirklich alle anderen besser seien als er, muß er lachen und antwortet: „Ich habe Stärken und Schwächen, wie alle anderen Menschen auch."

Als er nach der Erarbeitung dieses Satzes kaum erleichtert wirkt, sondern eher angepaßt, frage ich ihn, was ihn bewegt.

Peter	Therapeutin	Erläuterungen
Ich höre gerade meinen Vater über meine Leistungen predigen.		
	Was sagt er?	
Na, den berühmten Satz: „Nur wenn du dein Bestes gibst, wirst du es zu etwas bringen."		

85

Peter	Therapeutin	Erläuterungen
	Willst du „Vater" mal vor dich hinsetzen, ihn den Satz sagen lassen und spüren, wie es dir dabei geht?	Ich fordere zur sog. Doppelstuhltechnik aus der Gestalttherapie auf, bei der Anteile von Personen – hier das EL – personifiziert und „ins Gespräch gebracht werden". Peter kennt diese Arbeit aus der Gruppe und rückt einen leeren Stuhl zurecht.
	Willst du dich gleich auf „Vaters" Stuhl setzen und mit dem Satz anfangen?	
als „Vater": „Nur, wenn du dein Bestes gibst, wirst du es zu etwas bringen."		
	Wechsle auf den anderen Stuhl und sei wieder Peter. – Wie alt bist du gerade, wenn du da so sitzt?	
So etwa 12.		
	Und wie fühlst du dich?	
Miserabel!		
	Was heißt das?	
Ich habe Angst, daß ich nicht schaffe, was er will.		
	Sag das direkt zu „Vater".	Durch die Aufforderung zur direkten Anrede können alte, blockierte Gefühle „in Gang" gebracht werden.
zu „Vater": „Ich habe Angst, daß ich das nicht schaffe, was du von mir willst."		

86

Peter	Therapeutin	Erläuterungen
	Wechsle nun zu Vater.	
als „Vater": „Wenn man sich genug anstrengt, schafft man das auch."		

Es folgt ein Dialog, in dem Peter als Sohn immer wieder seine Angst formuliert, nicht genügend Leistung zu bringen, und Peter in der Rolle als Vater mit immer wieder neuen Argumenten versucht, diese Angst zu bagatellisieren bzw. zu zerstreuen. Dabei wird auch deutlich, wieviel Energie der „Vater" für Peters Angst „investiert". Nach einigen Transaktionen sehe ich, wie Peter nervös mit der Hand auf die Stuhllehne trommelt.

Peter	Therapeutin	Erläuterungen
	Schau mal, was du mit deiner Hand da machst, was will die wohl sagen?	Beachtung von Körpersprache
(Bewegt die Hand hin und her; schließt sie wie probehalber zur Faust.)		
	Wie fühlt sich die Faust an?	
So wie ärgerlich.		
	Kann das sein, daß du auch ärgerlich bist?	Ich rege ihn an, sein Gefühl zu überprüfen, ohne zu behaupten, daß die Angst Wut verdeckt, weil dies letztendlich nur der Klient selbst beurteilen kann.
Probiert weiter, seine Faust zu spüren, und sagt sehr zögernd: „Ja, da ist auch Ärger."		

87

Peter	Therapeutin	Erläuterungen
	Ärger über ...	
... dieses ständige Tun-müssen.		
	Sag das mal zu „Vater".	
Es macht mich so ärgerlich, daß ich immer was tun soll, immer das Beste!		
	Sag das nochmal mit Nachdruck.	Ich erleichtere den Zugang zum authentischen Gefühl und ermögliche eine Alternative zum Skriptverhalten.
lauter: Es ärgert mich, daß ich immer das Beste tun soll!		
	Wie fühlt sich das an?	
Ärgerlich!		
	Willst du's noch mal sagen?	
Ja, Mensch das ärgert mich, daß ich immer das Beste tun soll.		
	Wie guckt „Vater"?	
Betroffen.		
	Wechsle mal den Platz und laß ihn sprechen.	
als „Vater": „Aber ich will doch nur dein Bestes! Du sollst es doch leichter haben als ich."		

Peter	Therapeutin	Erläuterungen
	Wechsel.	
Sehr laut: „Ich will das aber endlich selber bestimmen!"		
	Ja, Peter, das ist prima, sag' „ihm", was du willst.	
Ich will selber bestimmen, wann und wofür ich mich anstrenge.		
	Das klingt sehr erwachsen, und du machst einen ganz energischen Eindruck, wie du so daitzt.	
Energisch ist gut, ich fühle mich voller Energie.		
	Eine gute Empfindung. Willst du noch etwas zu „Vater" sagen?	
Im Moment nicht, aber da wird in Zukunft noch einiges kommen.		
	Dann sag das zu „ihm".	Ich veranlasse Peter, mit dieser Aussage Verantwortung für den zukünftigen Ausein- andersetzungsprozeß mit väterlichen An- teilen zu übernehmen.

Peter	Therapeutin	Erläuterungen
Vater, ich will unsere Auseinandersetzung jetzt beenden (stellt den leeren Stuhl weg) und ich komme wieder.		
	Willst du aus diesem Gefühl der Energie heraus noch einmal überlegen, ob der Satz vorhin mit den Stärken und Schwächen der richtige für dich war?	Ich hatte „im Hinterkopf" behalten, daß ich ihn nach der Erarbeitung des Satzes eher im aK erlebt hatte und dies keine gute Voraussetzung für eine innere „Neuprogrammierung" ist.
Na, daß mit dem Selbst-Bestimmen war jetzt viel wichtiger.		
	Wie kann denn dann dein Satz lauten, den du für den Skript-Satz einsetzt?	
spontan: Ich bestimme selbst, wo und wie ich meine Stärke zeige.		Wichtig ist, daß an diesem Satz der freie Kind-Anteil ebenso aktiviert ist wie das ER. Da Peter vermutlich auch mit seinem Eltern-Anteil jetzt nichts mehr dagegen einzuwenden hat, hat er gute Chancen, diesen Satz in die Wirklichkeit umzusetzen.
	Ein guter Satz für dich.	

In dieser Sitzung hat Peter H. seinen „Teufelskreis" an drei Stellen unterbrochen: Zum einen hat er anstelle eines einschränkenden Skript-Satzes eine wegweisende Erlaubnis für sich gefunden. Zum anderen hat *er sich mit einer verstärkenden Erinnerung dahingehend auseinandergesetzt, daß er dem von früher gespeicherten, angepaßten Verhalten ein selbstbestimmtes entgegengesetzt hat. Und drittens hat er das verdeckte Gefühl Ärger zugelassen.*

Mit diesen neuen Erfahrungen wird es ihm in Zukunft häufiger gelingen, das alte Skript-System zu unterbrechen, wenn er es anfänglich in Gang gesetzt hat. Außerdem hat er im therapeutischen Prozeß selbst eine neue Erfahrung gemacht. Er mußte es mir nicht „recht machen", indem er den ersten Vorschlag akzeptierte, sondern er fand den für ihn viel besser zutreffenden Satz.

In der Transaktionsanalyse ist es uns wichtig, mit den KlientInnen gemeinsam die authentischen Gefühle (wieder-)aufzuspüren. Dabei kann es sich wie im Therapiebeispiel um alte authentische Gefühle handeln, die früher zugunsten von Ersatz-Gefühlen und Skript-Verhalten verdeckt wurden. Menschen lernen jedoch gleichzeitig, auch im Hier und Jetzt sensibler für authentische Gefühle zu werden und sie schrittweise auszudrücken, zuerst im therapeutischen Prozeß, dann auch außerhalb. Dieses Zulassen authentischer Gefühle bewirkt im o.g. Sinne eine angemessene Problemlösung, die zu einer Bedürfnisbefriedigung führt, und verhindert ein Verharren in alten, einengenden Strukturen.

Nachdem Peter z. B. Trauer als unterdrücktes authentisches Gefühl erfuhr, konnte er die Trauer um den Weggang seiner Freundin wirklich zulassen. Dieser Trauerprozeß ermöglichte ihm den eigentlichen Abschied, das Loslassen der alten Beziehung und die Hinwendung auf einen neuen Lebensabschnitt.

Auch die Beziehung zwischen Bärbel und Jochen wurde weitaus offener, nachdem sie gelernt hatten, verdeckten Ärger zu äußern, und er Zugang zu authentischen Ängsten gefunden hatte, die er dann auch vermitteln konnte.

Ich betone meinen KlientInnen gegenüber dabei besonders, daß sich Denken und Fühlen nicht gegenseitig ausschließen, sondern einander ergänzen: daß z. B. zum Ausdruck von Ärger auch ein erwachsenes Denken über die Angemessenheit und den Ort gehört.

Der gewalttätige Streit zwischen Bärbel und Jochen war beispielsweise keine angemessene Ärgeräußerung, und das Denken war hier ausgeschaltet. Es war die Eskalation von aufgestauten „kleinen Ärgern", die Jochen nicht geäußert hatte. Mit Hilfe seines Denkens kann er sich nun erlauben, kleine Ärgernisse sofort zu äußern, statt sie zu eskalieren.

Mit der hier beschriebenen therapeutischen Arbeit wird auch deutlich, wie in der Transaktionsanalyse kognitives und emotionales Vorgehen miteinander verknüpft werden können. Denn die Ausarbeitung des Skriptsystems geschieht primär mittels der Haltung des Erwachsenen-Ich-Zustandes, welcher dabei gleichzeitig enttrübt wird. Allein diese neuen Erkenntnisse und die Klarheit im Denken, die durch die Enttrübung erreicht wird, ziehen oft schon neue Verhaltensweisen nach sich. Im vorliegenden Beispiel ergab es sich allerdings, daß der Klient zusätzlich Inhalte auch seines Kind-Ich-Zustandes verändern konnte, indem er aus der Kind-Haltung heraus mit dem personifizierten Vater sprach, dabei alte Gefühle aktivierte und anders mit „Vater" umging, als er es früher getan hatte. D. h., eine solche Arbeit trägt dazu bei, daß sich die im Kind-Ich-Zustand gespeicherten Ansichten über sich selbst und andere, die dazugehörigen Gefühle und die damit verbundenen Verhaltensmuster langsam verändern können. Je mehr diese alten Muster verändert werden, desto höher ist die Wahrscheinlichkeit, daß sich Denken, Fühlen und Handeln im Hier und Jetzt verändern.

Dabei wissen wir jedoch auch, daß weder kognitiv erarbeitete Erkenntnisse noch emotionsbegleitete neue Entscheidungen aus der Kind-Ich-Haltung allein ausreichen, um ein bestimmtes Persönlichkeitsmuster sofort und für alle Zeit zu ändern. Um die neuen Erkenntnisse im Denken, Fühlen und Handeln tatsächlich umzusetzen, muß all dies wie ein lange nicht mehr gebrauchter Muskel immer wieder neu geübt werden.

Es ist mir auch wichtig, meinen KlientInnen erfahrbar zu machen, daß sie nicht als „neuer Mensch" aus der Therapie hervorgehen werden, sondern daß sie einige Verwundungen, die sie in ihrem früheren oder späteren Leben erfahren haben und die zu Einschränkungen ihrer Handlungsfreiheit, ihres Fühlens oder ihres Wertes geführt haben, als ihr persönliches Geworden-Sein annehmen können und nicht mehr ändern müssen, sondern sich damit aussöhnen können oder sogar dürfen.

Symbiosen

Das transaktionsanalytische Konzept der Symbiosen stellt eine weitere Möglichkeit dar, Verhalten anzuschauen und bewußt zu machen, durch das sich Menschen voneinander abhängig machen. In Anlehnung an den biologischen Begriff der Symbiose, der das Zusammenleben von zwei verschiedenartigen Lebewesen zu deren gegenseitigen Nutzen kennzeichnet, bezeichnet die Schiff-Schule (amerikanische TA-TherapeutInnen) auch solches menschliches Verhalten als Symbiose, wenn zwei oder mehrere Personen so miteinander verflochten sind, daß (zumindest in der gegebenen Situation) keine/r ohne „die/den andere/n leben kann".

Wenn sich zwei Personen skriptabhängig verhalten und dabei eine Symbiose miteinander eingehen, so „benutzen" beide nicht alle ihre Ich-Zustände.

Wenn sich Jochen beispielsweise aus seiner elternhaften und einer getrübten erwachsenenhaften Haltung heraus mit Ratschlägen und ungeduldigen Erklärungen um das Wohlergehen der verzagt-trotzigen Bärbel, die sich über die Tochter beklagt, bemüht, dann bilden die beiden eine Einheit, in der jede für sich betrachtet nicht alle Anteile seiner Persönlichkeit in Besitz nimmt. Jochen achtet dabei nicht auf seine Bedürfnisse, weder auf die augenblicklichen, die ich im Erwachsenen-Ich-Zustand lokalisieren würde, noch auf die, die er schon immer hatte und die auch in seiner Kindheit nicht befriedigt wurden, die ich dem Kind-Ich-Zustand zuschreiben würde. Bärbel dagegen schaltet ihr Denken und ihre Verantwortung aus und verhält sich wie ein Kind.

Abb. 16: Symbiotische Verflechtung des Ehepaares.

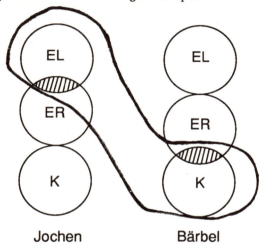

Am Beginn des Lebens ist eine solche Symbiose für jeden Menschen notwendig und lebenserhaltend und daher noch gesund zu nennen. Eine elterliche Bezugsperson muß umfassend für die Befriedigung der kindlichen Bedürfnisse sorgen. Im Laufe der Entwicklung muß diese primäre Fürsorge jedoch immer stärker durch liebendes und grenzensetzendes, beratendes und partnerschaftliches Verhalten abgelöst werden, so daß das Kind langsam selber eine erwachsene und eine Elternhaltung entwickeln kann.

Kleine Kinder nehmen auch vor dem 2. Lebensjahr schon sehr sensibel wahr, wie sich die Eltern in der anfänglich notwendigen symbiotischen Verknüpfung mit ihnen fühlen. Erleben sie z. B. starke Aggressivität, Unsicherheit oder Überforderung bei den Eltern, oder sind die Eltern sehr traurig oder ängstlich, so fühlen sich die Kinder in ihrer Versorgung bedroht und beginnen, vor allem solche Gefühle und Verhaltensweisen zu zeigen, durch die die Eltern sich wohler fühlen und in die Lage versetzt werden sollen, die Kinder weiterhin angemessen und altersentsprechend zu versorgen.[15]

Meiner Erfahrung nach gibt es in einem solchen Prozeß zwei Grundmuster: Entweder das Kind lernt, seine Bedürfnisse nach Ver- und Umsorgung zurückzunehmen. Es schreit z. B. weniger, weil es spürt, daß Mutter dann ruhiger und ausgeglichener ist. Oder das Kind lernt, seine Selbstständigkeitsbedürfnisse einzuschränken, z. B. weniger neugierig seine Umwelt zu erforschen, weil es die Mutter dann fürsorglicher erlebt und gleichzeitig wahrnimmt, daß Mutter sich dadurch wichtiger fühlen kann und so entspannter ist. Einschränkungen für seine Selbständigkeitsbestrebungen erfährt aber z. B. auch ein Kind, das für das Erklimmen des Tisches oder sein Lautsein als böse und schlecht bezeichnet wird, oder dessen Eltern dabei sehr aggressiv werden. Dieses Kind wird wahrscheinlich lernen, sich eher passiv zu verhalten, um diese bedrohlichen Aggressionen zu vermeiden.

Werden die Abhängigkeitsbedürfnisse reduziert, d. h., die Symbiose mit der/den Bezugsperson(en) zu schnell gelöst, entwickeln sich im Zusammenhang mit seiner Bedürfnisbefriedigung vorschnell Ansätze einer elternhaften Haltung. Werden die Selbständigkeitsbedürfnisse eingeschränkt und so die frühe, umfassend symbiotische Beziehung zu der/den Bezugsperson(en) unangemessen langsam gelöst, so bleibt das Kind länger klein,

---

15 Natürlich vollzieht das Kind dabei nicht die logischen Gedanken, mit denen hier das Geschehen geschildert wird, sondern denkt und verhält sich vorlogisch-intuitiv aus seinem „kleinen Professor" heraus. Weil seine Empfindsamkeit sehr stark ausgeprägt ist, sein logisches Denken, mit dem es beurteilen könnte, was es wahrnimmt, jedoch nur sehr mangelhaft, kommt es dabei oft zu Fehlschlüssen darüber, wie es sich verhalten müßte. Diese Fehlschlüsse bestimmen jedoch wahrscheinlich sein weiteres Leben.

vermeidet reifere Haltungen und entwickelt im Zusammenhang mit seiner Bedürfnisbefriedigung eine kindhafte Haltung.

In späteren symbiotischen Beziehungen nehmen Personen mit solchen frühkindlichen Entwicklungen dann entsprechend ihren frühen Grundmustern die Eltern- oder die Kindrolle ein. Personen, deren Grundmuster sich ergänzen, bilden dabei sog. „komplementäre Symbiosen" (bei der eine Person weitgehend durchgängig die Elternhaltung, die andere die Kindhaltung einnimmt), während es bei Personen mit gleichen frühen Grundmustern zu „rivalisierenden Symbiosen" kommt. In letzteren „rangeln" die Personen entweder darum, wessen kindhafte Bedürfnisse versorgt werden (beide übertreffen sich z. B. gegenseitig im Klagen oder Kränkeln), oder wer bestimmt, was richtig ist, also die Elternposition einnehmen darf.

Da jedoch beide Personen einer symbiotischen Gemeinschaft weiterhin ihre unbefriedigten ursprünglichen Bedürfnisse nicht erfüllt bekommen – auch gar nicht erfüllt bekommen können –, kommt es innerhalb ihrer Beziehung immer wieder – verbunden mit einem Positionswechsel der Partner – zu Eskalationen (die vom kleinen Streit bis zur Prügelei reichen können), in denen die alten Bedürfnisse auf eine völlig inadäquate Weise „durchbrechen". Trotzdem hegen die Symbiose-Partner auch weiterhin die Hoffnung, ihre („alten") Bedürfnisse in der Eskalation „auf irgendeine Weise" befriedigen zu können.

Eine solche Eskalation war z. B. die tätliche Auseinandersetzung zwischen Jochen und Bärbel, die der Anlaß gewesen war, Therapie zu suchen.

Wie der/die TherapeutIn mit Symbiosen umgeht

Nachdem Jochen und Bärbel ihre Grundmuster kennengelernt haben und aus ihrer Erwachsenen-Haltung schon manchmal darüber lachen konnten, „daß er mal wieder der liebe Papi und sie das kleine Trotzi war, was nicht weiter wußte", „wagen" sie sich in der 20. Sitzung daran, die einschneidende Situation anzusehen, in der sie sich geschlagen hatten. Beide berichten:

Jochen wollte, nachdem sie beide etwas Wein getrunken hatten, zärtlich zu Bärbel sein und eventuell auch mit ihr schlafen. Sie wehrte dies ab, da sie sich – wie sie im Nachhinein sehen kann – „von ihm bestimmt" fühlte. Dieses Signal wurde der Anlaß zu einem heftigen Wutausbruch Jochens. Er beschimpfte Bärbel, frigide, blöd und insgesamt die dümmste Kuh zu sein, die er sich vorstellen könne, und beendete diesen Ausbruch mit einer Ohrfeige. Daraufhin „sah Bärbel rot", schlug zurück, und es kam zu der besagten Prügelei.

Während sie berichten, sind beide sehr erregt. Ich frage Jochen, ob er die Wut von damals noch fühlen kann. Er nickt, und ich bitte ihn, sich in die Szene zurückzuversetzen und mir zu sagen, was ihn so wütend macht. Es wird deutlich, daß er sich lange Zeit „unheimlich" angestrengt hat, z. B. um Bärbel zu erklären, warum sie manchmal mit Jutta nicht klarkommt, daß er stundenlang mit ihr über die Wutanfälle gegenüber der Tochter gesprochen hat, und daß er hoffte, sie durch diese Hilfe aus ihrem Rückzug herauszulocken. „Und ich bin so wütend, daß das alles nicht wirkt", sagt er und haut sich dabei mit der Faust auf den Oberschenkel. Ich bitte ihn, sich nicht selbst zu schlagen und seinen Ärger einen Moment zurückzuhalten, bis ich die Situation mit Bärbel geklärt habe.

Für Bärbel wird deutlich, wie stark sie sich häufig von Jochen bestimmt gefühlt hat. Als sie sich gegen dieses Bestimmt-werden abgrenzen wollte – sie selbst sein wollte –, fühlte sie sich als „schlecht" und „nicht in Ordnung" beschimpft. Und dieses Empfinden wiederum wurde zum Auslöser für ihre Wut. Und auch sie krampft die Hände ineinander, während sie berichtet.

Ich frage beide, ob sie die Gefühle, die sie jetzt haben, auch aus anderen Situationen ihrer Beziehung kennen – vielleicht sogar aus jüngster Zeit. Dabei stellt sich heraus: Beide kennen diese Wut für kurze Momente, drücken sie aber nie aus, zumal sie „immer ganz schnell wieder verschwindet". Daraufhin lade ich sie zu einer Übung ein: In dieser stellen sich beide voreinander auf und sagen zueinander erst leise, dann immer lauter „nein". Dabei fordere ich sie auf, ihren ganzen Ärger in dieses „Nein" zu legen. Alle die Dinge, die am anderen stören, der Schmerz über gegenseitige Verletzungen, alles dies sollen sie in das gegenseitige „Nein" hineinlegen. Bärbel und Jochen werden immer lauter und ihre „Neins" immer ärgerlicher, solange, bis sie richtig laut „Nein" schreien. Nach einigen Minuten jedoch sind sie erschöpft, außer Atem und setzen sich hin. Ich fordere sie auf, sich anzusehen und in einem Satz zu sagen, was sie empfinden. Er sagt: „Ich fühle mich wie durchgepustet und kann dich ganz frei ansehen." Und Bärbel meint: „Ich hätte nicht gedacht, daß ich soviel Kraft gegen dich einsetzen kann. Ich habe mich ganz stark gefühlt, es ist, als hätte ich mich gegen das Bestimmt-werden gewehrt." Ich lasse den beiden viel Raum, sich zu verschnaufen und sich erstaunt anzusehen. Denn es ist, als hätte das Zulassen des Ärgers einen freieren Blick ermöglicht.

Danach fordere ich sie auf, sich nun noch einmal voreinander hinzustellen, und gebe ihnen folgende Anweisung: „So wie ihr eben ‚Nein' zueinander gesagt habt, könnt ihr jetzt ‚Ja' zueinander sagen. In dieses ‚Ja' könnt ihr dabei die Dinge legen, die euch miteinander verbinden, sowie die Dinge, die euch schon immer verbunden haben, und Verbindendes, was ihr in der letzten Zeit erarbeitet habt. Wollt ihr das?"

Da sie schon, während sie sich ansahen, viel positive Energie zwischen sich spürten, sind beide von dem Vorschlag begeistert. Die Übung beginnt zuerst wieder leise. Die ‚Ja' werden dann immer lauter, bis sie zuletzt die gleiche Lautstärke wie das ‚Nein' erreicht haben. Am Ende umarmen sich die beiden lachend.

In den nächsten Sitzungen behandeln wir immer wieder die symbiotischen Anteile ihrer Beziehung. Jochen sieht, diesmal aus einer anderen Perspektive, daß er mit der Retterrolle, die der Elternhaltung in der Symbiose gleichgesetzt werden kann, seine urprünglichen Bedürfnisse verdeckt, versorgt und ohne Anstrengung geliebt zu werden. Und es wird ihm zudem deutlich, daß er die Bedürfnisse nach „kindlichem Geliebtwerden" häufig mit Sexualität vermischt hat; daß sozusagen der langsam älter werdende Junge hoffte, in der Sexualität das zu bekommen, was ihm als kleiner Junge gefehlt hat. Es ist dabei, als ob ein tiefes Schluchzen in ihm aufsteigt, das ich in die Worte fasse: „Das tut heute noch weh, was du damals nicht bekommen hast." Und nachdem er meine Frage, ob ich ihn berühren darf, bejaht hat, lege ich meinen Arm um Jochens Schulter, und er kann wie befreit sehr heftig weinen. Zwischendurch sagt er immer wieder: „Und ich habe mich so angestrengt!" Es ist, als würde er mit diesem Weinen die Last seiner Anstrengung spüren und gleichzeitig etwas davon loslassen. Davon ist auch Bärbel sehr berührt und ihr Gesicht ist offen und weich. Und als Jochen nicht mehr weint und sich die Nase putzt, nimmt sie spontan seine Hand und sagt, daß sie verstehen könne, wie die Verhaltensweisen, durch die er sie eingeengt und bevormundet hatte, auch Ausdruck seiner Not gewesen seien.

Am Ende dieser Sitzung zeigt sich, daß Jochens weiterer therapeutischer Weg dahin gehen wird, seine alten Defizite zu spüren und die Gefühle zuzulassen, die mit diesem Mangel verbunden sind und waren, um dann Abschied zu nehmen von dem, was er früher vermißt hat. Doch dieser Weg geht über den ursprünglichen Vertrag, den das Paar mit mir hatte, hinaus.

Als Paar haben sie inzwischen gelernt, über ihre Beziehung zu reden und dabei Konflikte zu klären. Die Nein-Ja-Übung in der letzten Sitzung hatte sie dazu veranlaßt, einige lang aufbewahrte „Klamotten" aus ihrer „Beziehungskiste" wegzuwerfen, die sie bei drohender Nähe immer wieder hervorgeholt hatten, um ein Tumult-Spiel zu inszenieren. Und es war seit einiger Zeit immer wieder zu nahen liebevollen Begegnungen gekommen. Beide Partner entschieden sich jedoch weiterzuarbeiten, um neben der weiteren Entwicklung ihrer Beziehung die Erinnerung an alte, traumatische Erlebnisse, die sie im Kind-Ich-Zustand und Eltern-Ich-Zustand gespeichert hatten, dahingehend zu verändern, daß sie das heutige Leben weniger bestimmen. Dazu erarbeitet Jochen einen neuen Langzeitvertrag: „Ich will meine Bedürfnisse spüren und ordnen sowie dafür sorgen, daß sie befriedigt werden." – Ein neuer Vertrag, der gut zum Wechsel von den Einzelsitzungen in die Therapiegruppe paßt. Und dort wird auch Bärbel einen neuen Vertrag formulieren, um sich die traumatischen Erlebnisse anzusehen, die ihrer symbiotischen Position zugrunde liegen.

Symbiotische Beziehungen – nicht nur zwischen Paaren – sind sehr häufig ein Thema transaktionsanalytischer Therapie. Dabei achten wir besonders darauf, wo im Gespräch jene unrealistischen Gedanken „durchblitzen", mit denen symbiotisches Verhalten gerechtfertigt wird: Personen in der Retter-Rolle (Elternposition) halten sich oft für unentbehrlich, Personen in der Opfer-Rolle (Kindposition) für unfähig, ihre Lage zu verändern. Wir zeigen den KlientInnen, daß dieses Denken nicht realitätsangemessen ist, und leiten sie an, ihre abgewerteten Bedürfnisse wahrzunehmen, anstatt sich unentbehrlich zu fühlen, oder das Denken zu benutzen, anstatt sich passiv zu verhalten. Das heißt auch, daß häufig lange Phasen kognitiv-klärender Arbeit eine solche Arbeit, wie bei Jochen, in der alte, unterdrückte Gefühle gespürt und zugelassen werden, vorbereiten. Gedanklich-klärende Gespräche und die sog. erlebnisaktivierende Arbeit (Vorgehensweisen, bei denen Gefühle aktiviert und ausgedrückt werden) ergänzen sich dabei gegenseitig. Denn sowohl die Unterstützung klaren Denkens als auch der Kontakt mit und das Zulassen von Gefühlen sind zentrale Bestandteile transaktionsanalytischer Arbeit.

Mir ist es in meiner therapeutischen Arbeit mit Paaren oder Einzelpersonen, die in Partnerschaft leben, ein Anliegen, immer wieder darauf hinzuweisen, daß das Aufgeben der symbiotischen Anteile in einer Beziehung nicht notwendigerweise Trennung vom Partner beinhaltet. Häufig wird die Einsicht in den eigenen Anteil der Abhängigkeit eher abgewehrt und dem Partner mit der Einstellung „Wenn er nicht so wäre, wie er ist, könnte ich anders sein", „die Schuld" für dessen kindhaftes, zurechtweisendes oder rivalisierendes Verhalten zugeschrieben. Um nicht mit den eigenen, häufig sehr schmerzhaften Erfahrungen in Kontakt zu kommen, tendieren Partner in dieser Phase dann manchmal dazu, sich wutentbrannt zu trennen, oder ihre „Freiheit" in außerpartnerschaftlichen Beziehungen zu erobern.

Ebenso weise ich auf die Notwendigkeit hin, sich anfangs für das Äußern von Ärger einen geschützten therapeutischen Rahmen zu suchen. Häufig wurde Ärger ja jahrelang unterdrückt, um die eigene symbiotische Grundposition aufrecht zu erhalten, und entlädt sich daher durch das nun geöffnete Ventil in einer Heftigkeit, die ohne eine zuvor abgeklärte Erwachsenen-Haltung des Klienten und ohne therapeutischen Schutz nicht wieder gutzumachende Verletzungen bewirkt. Vor allem, wenn nur einer der Partner zur Therapie kommt, ist die erwachsene Kontrolle darüber, wo und in welcher Form der aufgestaute Ärger geäußert wird, sehr wichtig.

Das Skript oder der Lebensplan

Die Konzepte, die bislang in diesem Buch beschrieben wurden, finden ihre Zusammenfassung im Konzept des Lebensplanes, in der englischen Literatur analog zu einem Drehbuch „Skript" genannt.

Wie schon öfter in diesem Buch angeklungen, ist dieser Lebensplan ein Bündel von in der frühen Kindheit (ca. 2.–6. Lebensjahr) getroffenen Entscheidungen und Schlußfolgerungen, die das Kind aus seinem Erleben, seinen Erfahrungen und den damit verknüpften Gefühlen ableitet: Erfahrungen mit dem Angenommensein auf dieser Welt, mit Vertrauen, mit kindlicher Neugier, mit Vorstellungen über sich und seinen Wert, Erfahrungen mit den Personen seiner Umwelt und der Welt im allgemeinen. Da die Entscheidungen aus diesen Erfahrungen in einer Entwicklungsphase getroffen werden, in der die Intuition und die Fähigkeit, Gefühle bei sich und anderen wahrzunehmen, stärker entwickelt sind als das logische Denkvermögen, können die Schlußfolgerungen, die das Kind aus seiner Wahrnehmung zieht, deshalb verzerrt oder unlogisch verallgemeinert sein. So kann beispielsweise die Erfahrung, daß Mutter peinlich berührt war, wenn das Kind weinte, bei diesem zu der Schlußfolgerung führen, daß es niemandem seine Tränen zeigen darf.

Die Entscheidungen selbst, die im Kind-Ich-Zustand gespeichert werden, sind uns später nicht mehr direkt zugänglich. Sie sind vorbewußt, bestimmen jedoch unser Leben. Sowohl die von uns bevorzugt benutzten Ich-Zustands-Haltungen, unsere symbiotische Grundposition, die Art unserer Spiele, unser Umgang mit Gefühlen und Ersatzgefühlen als auch unser Streichelmuster und unsere Lebensgrundposition sind das Ergebnis von frühen Erfahrungen und den daraus resultierenden Schlußfolgerungen und Entscheidungen. Gleichzeitig bewirkt das Ausleben dieser genannten Elemente, die Erfahrung, die wir mit ihnen im Hier und Jetzt machen, – wie es in den Abschnitten „Spiele" und „Skriptsysteme" deutlich wurde – eine Rechtfertigung und Verstärkung der alten, vorlogischen Entscheidungen und damit des gesamten Lebensplanes. D. h., wir bestätigen uns seine „Richtigkeit" und verhindern durch unser skriptgesteuertes Verhalten angemessenes, problemlösendes, gegenwartsbezogenes Handeln.

Häufig zentriert sich der Lebensplan um ein bestimmtes Skriptthema, das im Erleben und Verhalten immer wiederkehrt.

Peter H's Thema z. B. ist „Verlust": Er erlebte den langen Krankenhausaufenthalt seiner Mutter bei der Geburt seiner Schwester als Verlust, er hatte Angst, Vaters Zuwendung zu verlieren, wenn er nicht die entsprechenden Leistungen „brachte", und er hatte in der Gegenwart erst kürzlich seine Freundin verloren. Entscheidungen, die er als kleines Kind im Zusammenhang mit Verlust getroffen hat, um den Schmerz aus dem Verlust und den entsprechenden Reaktionen seiner Umwelt nicht mehr zu spüren, bestehen darin, Nähe zu vermeiden und möglichst keine Gefühle zu zeigen. Und diese Entscheidungen hält er auch heute noch aufrecht, indem er sich, besonders in Krisensituationen, von anderen Menschen zurückzieht und seine Gefühle „unter Kontrolle" hat. Diese Gefühlskontrolle ist ihm anfangs als selbstgesteuertes Verhalten in keiner Weise bewußt. Im Laufe der Therapie lernt er, daß er z. B. durch das Anhalten des Atems, eine einengende Körperhaltung oder auch durch angestrengtes Arbeiten seine Gefühle „in Schach" hält.

Neben den im Kind-Ich-Zustand gespeicherten Elementen, die aus unseren eigenen Erfahrungen bestehen, beinhaltet auch unser Eltern-Ich-Zustand Elemente unseres Lebensplans. Es sind dies einengende Muster, die wir von unseren Eltern oder sonstigen Bezugspersonen übernommen haben. Meistens sind es Anweisungen, nach denen häufig auch die Eltern selbst lebten, z. B. darüber, wie wir im Leben „zurechtkommen" können.[16] Sich anzustrengen, stark zu sein, perfekt zu sein, es anderen recht zu machen, vorsichtig zu sein oder sich zu beeilen, waren beispielsweise solche „hilfreichen" Maximen, die wir noch heute oft innerlich wie konkrete Anweisungen hören. Leider werden sie häufig zu konflikthaften Einschränkungen, da wir aus unserer Kind-Haltung darauf eingehen, als seien wir *nur* in Ordnung, wenn wir uns *immer* anstrengen, stark sind usw. . Ein Beispiel für einen solchen Konflikt zwischen elternhafter Anweisung und dem kindhaften Bemühen und Scheitern, damit umzugehen, stellte der „innere Dialog" von Peter H. am Anfang dieses Buches (s. S. 38) dar.

Wenn in der transaktionsanalytischen Therapie auf der „Skriptebene" gearbeitet wird, so beinhaltet dies ein Aufspüren der alten Entscheidungen, gegebenenfalls ein Freisetzen und Loslassen der damit verbundenen oder darunter verborgenen alten Gefühle und eine Reihe von angestrebten Neuentscheidungen. Jochens Arbeit über die seiner symbiotischen Position zugrunde liegenden Erfahrungen war bereits eine solche „Arbeit am Skript", wobei allerdings nicht jede dieser Arbeiten von so heftigen Emotionen wie bei ihm begleitet sein muß.

---

16 Auf weitere, stark autonomiebeeinträchtigende Strukturen der Eltern-Ich-Haltung soll im Rahmen dieses Buches nicht hingewiesen werden. Sie sind jedoch für die klinisch interessierten Leser aus der weiteren Literatur der TA zu entnehmen.

Wie der/die TherapeutIn mit Skriptelementen umgeht

Anhand einer Übung in der Paargruppe haben die Teilnehmer einzelne ihrer Skriptelemente herausgefunden. Bärbels Thema zentriert sich hierbei um das Empfinden, „nicht richtig zu sein" oder „ nicht richtig, wenn sie tut, was sie will". Ihr Eindruck in der im Abschnitt „Spiele" dargestellten Situation, nicht brav gewesen zu sein, gehört ebenso zu diesem Themenkreis wie andere Erfahrungen aus Situationen, in denen sie sich trotzig zurückzieht, weil sie sich als „nicht richtig" erlebt (s. diagn. Überlegungen).

Bärbel	Therapeutin	Erläuterungen
	Wie fühlt sich das an, „nicht richtig zu sein"?	Da Bärbel nach der vorangegangenen Klärung ganz betroffen aussieht, will ich Kontakt zu ihren kindlichen Anteilen aufnehmen.
Ich schäme mich und habe Angst.		
	...und um das möglichst wenig zu fühlen...	
mache ich mich zu und höre auf zu denken.		
	Wie hängt denn das Denken damit zusammen?	
Ja, wenn ich nicht mehr nachdenke, was für die Situation angemessen und richtig ist oder was die anderen denken könnten, dann muß ich mich nicht mehr schämen.		Hintergrund der Opferposition wird deutlich.

104

Bärbel	Therapeutin	Erläuterungen
	Ich stelle mir vor, daß es schlimm für ein kleines Mädchen sein muß, sich das Denken zu verbieten.	Noch einmal versuche ich, den Kontakt zu dem kleinen Mädchen in ihr herzustellen.
Ja, aber es ist besser, als sich dauernd schämen zu müssen darüber, daß man etwas nicht richtig macht. (Die letzten Worte werden ganz leise.)		
	Fühlst du im Augenblick etwas von dem, was du auch damals gefühlt hast?	Historische Diagnose eines Ich-Zustandes
Ja, und es ist, als müßte ich verstummen.		
	„Bloß nichts mehr sagen, nichts mehr denken, nichts mehr fühlen."	Verbalisieren des Erlebens.
(Beginnt zu weinen:) Ja, und das hat was mit dir zu tun. (Trotzig) Hör' auf, so freundlich zu sein!		
	Du willst meine Freundlichkeit nicht, weil...	
(Schluchzt sehr heftig:) ...ich dann gar nicht mehr sagen kann, was ich will.		

105

Bärbel	Therapeutin	Erläuterungen
	Wenn ich freundlich zu dir bin, dann mußt du so sein, wie ich dich haben will?	Hintergrund der symbiotischen Kind-Position wird deutlich.
(Nickt und weint sehr heftig.)		
	Ist das dann im Augenblick hier in der Therapiesituation so, wie bei dir zuhause?	
Ja, ich habe die gleiche Angst.		

Obwohl Bärbel sehr intensiv alte Gefühle spürt, bremse ich sie zunächst darin, diese Gefühle auszudrücken, da ich erst genau herausfinden will, auf welche Weise die Situation hier in der therapeutischen Sitzung für Bärbel eine Wiederholung alter Szenen darstellt.

Dabei wird deutlich, daß Bärbels Mutter solange freundlich zu ihr war, wie Bärbel genau das tat, was die Mutter wollte. Hatte Bärbel einen eigenen Willen, so wurde die Mutter entweder ärgerlich oder leidend. Dies war besonders für Bärbels Beziehung zum Vater schwierig. War sie nicht „brav" genug, so ermahnte Mutter sie, doch artig zu sein, damit Vater ihr, der Mutter, das Leben nicht so schwer mache. Kam sie glücklich und stolz mit dem Vater von den Wirtshausfahrten heim, so schrie Mutter meistens, daß sie irgendeine Aufgabe nicht erledigt hatte. Aufgrund dieser Erfahrungen traf sie als ca. 5jähriges Kind verschiedene Entscheidungen, die ihr Skript prägten: Wenn ich genau herausfinde, was Mutter (die anderen) will (wollen), werde ich gemocht. Wenn ich tue, was ich will, werde ich nicht gemocht. Mutter (andere) ist (sind) unberechenbar. Für Bärbels Empfinden war damit Zuneigung und Beachtung an ein Aufgeben ihrer eigenen Interessen und ihres Wesens gekoppelt oder, wie ich es im Kapitel „Symbiosen" beschrieben habe, Zuneigung war an ihre kindhafte Haltung gebunden. Wie diese alte

Erfahrung sich im Hier und Jetzt entfaltet, wurde an der Empfindlichkeit mir gegenüber deutlich.

Eine genaue Exploration dieser Zusammenhänge war hier auch deswegen notwendig, um Bärbel die Erfahrung zu vermitteln, daß ihr Erleben und nicht meine Annahmen über ihr Erleben im Mittelpunkt standen. Erst dadurch konnte sie sich in der hier notwendigen „emotionalen Arbeit am Skript" ganz als sie selber und in keiner Weise als von mir gesteuert erleben.

Nachdem die genauen Zusammenhänge geklärt sind, bitte ich sie, noch einmal zu dem Gefühl zurückzugehen, das in ihrer trotzigen Äußerung „Hör' auf, so freundlich zu sein" zum Ausdruck kam. Sie schildert Angst und Verzweiflung. Ich bitte sie, Mutter in Gedanken auf den leeren Stuhl zu setzen und ihr diese Gefühle zu sagen. Im nun folgenden Dialog zwischen Eltern-Ich-Anteilen und Kind-Ich-Anteilen läßt Bärbel intensive alte Gefühle von Angst und später auch Wut aus ihren Kind-Ich-Anteilen zu. Indem Bärbel aus ihrem elternhaften Anteil zu ihrem kindhaften Anteil spricht, wird deutlich, mit welcher Härte die Mutter früher reagiert hatte, wenn Bärbel Bedürfnisse zeigte, und wie sich Bärbel mit dieser Härte heute selbst im inneren Dialog abkanzelt.

Die Arbeit endet damit, daß Bärbel aus der Kind-Haltung heraus sieht, daß die Mutter sich nicht ändern wird, egal, wie sie sich auch immer anstrengen wird, es ihr recht zu machen, und egal, wie sie sich auch immer schämen wird, wenn ihr dies nicht gelungen ist. Worauf sie nach einer Pause hinzufügt: „Und ich weiß, daß es Menschen gibt, die mich mögen, auch wenn ich tue, was ich will!"

Damit hat Bärbel eine alte Entscheidung, nämlich nur gemocht zu werden, wenn sie eigene Wünsche und Bedürfnisse aufgibt, in Richtung ihrer Autonomie verändert. Wir nennen dies eine Neuentscheidungsarbeit.

Darüber hinaus wird auch ihre fatale Vernetzung mit Jochens Anstrengungsbereitschaft deutlich: Je mehr er sich anstrengt (freundlich ist), desto weniger darf sie sie selbst sein und zieht sich trotzig zurück. Dementsprechend muß er sich vermehrt anstrengen.

Zum Schluß ermutige ich sie, neue Erfahrungen mit der Neuentscheidung zu machen und diese in ihrer weiteren Therapie zu berichten bzw., wenn nötig, zu besprechen.

Auch Peter H. trifft im Rahmen der Skriptarbeit eine Neuentscheidung: Durch eine geleitete Fantasie kommt er in Kontakt mit der Zeit, als seine Mutter im Krankenhaus lag und er, wie er jetzt erinnert, bei der Schwester seiner Mutter und deren Mann untergebracht war.

In der Fantasie erlebt er plötzlich das Gesicht der Tante, wenn er nach der Mutter fragte. Sie wirkte dann ganz verschlossen und sagte unwirsch: „Ach, das weißt du doch, sie ist im Krankenhaus." Peter traute sich dann nicht, weiter zu fragen. Vor allem schluckte er die Tränen herunter, die er spürte, wenn er an seine Mutter dachte. Er erinnert, daß dieses „Zusammenreißen" noch durch ein häufiges Ereignis am Anfang seines Aufenthaltes bei Tante und Onkel verfestigt wurde: Vor dem Einschlafen dachte er oft an seine Mutter und hatte große Sehnsucht nach ihr. Wenn er dann weinte, kam die Tante und sagte in der gleichen harten Stimme, wie oben: „Na, na, na, wer weint denn da? Du hast es doch gut hier! Du bist doch ein Junge und weinst nicht!" Dieses „na, na, na" fühlte er wie Schläge. Somit verbot er sich damals zu weinen. Und er erinnert, am Ende bei Onkel und Tante „gar nicht mehr traurig gewesen zu sein".

Während Peter, ausgehend von seinen Erlebnissen während der geleiteten Fantasie, dies alles schildert, spürt er „Tränen in den Augen" und sagt:

Peter	Therapeutin	Erläuterungen
Das ist wie früher, ich laß mich nicht weinen.		Klient spürt sich selbst in seinen alten Kind-Anteilen.
	Was brauchst du, um dich weinen zu lassen?	Frage nach Erlaubnis.
Ich weiß nicht, ... oder vielleicht doch, ich brauche sowas wie eine Hand.		

Peter	Therapeutin	Erläuterungen
	Wie soll das aussehen mit der Hand?	Peter soll die Erlaubnis bekommen, die er braucht.
Leg' einfach deine Hand auf meine Schulter und (dabei beginnt er zu weinen) ...sag...		
	...sag etwas darüber, daß kleine Jungen Sehnsucht nach ihrer Mama haben dürfen?	Ich nehme einfühlend Kontakt mit seinen Kind-Anteilen auf und bewirke damit eine weitere Energiebesetzung seiner Kind-Ich-Haltung.
(Nickt mit dem Kopf und weint.)		
	(Lege meine Hand auf Peters Schulter und sage:) Es ist in Ordnung, daß du traurig bist, wenn deine Mama weg ist.	Gebe Erlaubnis, traurig zu sein und damit eine neue Entscheidung zu treffen; weitere Energiebesetzung der Kind-Anteile.
Mama, Mama, komm' doch wieder! (Weint sehr lange und heftig.)	(Lasse meine Hand auf seiner Schulter und bleibe aufmerksam zugewandt.)	Fühlt sich wie früher als Kind und spürt alte Trauer.
	Du bist ganz traurig, daß Mama nicht da ist.	Ich bin hier ganz bewußt in einer symbiotischen Haltung und ermutige ihn aus meinem fürsorglichen Teil heraus, sich weiter als Kind zu fühlen und die alten Empfindungen auszudrücken.

Peter	Therapeutin	Erläuterungen
(Nickt mit dem Kopf und weint heftig. Gleichzeitig stampft er vorsichtig mit dem Fuß auf.)		
	Was will dein Fuß sagen?	
(Laut:) Ich will, daß Mama da ist.		
	Sag' das nochmal und stampf' mit dem Fuß auf!	Ermutigung zum Protest, da Protest ein wichtiger Teil von Trauer ist.
(Rhythmisch stampfend:) Ich will, daß Mama da ist, ich will, daß Mama da ist!!		
	Du willst, daß Mama da ist.	
(Schluchzend:) Und ich bin ganz traurig, daß sie nicht da ist.		
	(Während meine Hand auf seiner Schulter liegt, lasse ich ihn weinen und manchmal von selbst aufstampfen, bis er sich umsieht und ich ahne, daß er ein Taschentuch braucht. Ich gebe ihm das Taschentuch.)	
(Putzt sich die Nase und sagt:) Das war gut.		
	Da ist was frei geworden.	
(Überrascht:) Ich war wirklich ganz, ganz traurig.		

Peter	Therapeutin	Erläuterungen
	Ja, du hast dir die Trauer zugelassen, die du dir früher verboten hast.	
Ja, das stimmt, und es ist gut, Trauer zu zeigen.		Neuentscheidung

Am Ende der Gruppensitzung gebe ich dann noch einige Informationen dazu, daß es heilend ist, Trauer zu fühlen, daß das dumpfe Empfinden von Depression häufig eine zugrundeliegende Trauer verdeckt, und daß es nach Verlusten ohne Trauerarbeit schwer ist, sich neuen Menschen oder Inhalten zuzuwenden. Rückwirkend begreift Peter dabei, wieso er sich nach der Trennung von seiner Freundin, die er doch rational verarbeitet hatte, so dumpf und leer fühlte. Denn er hatte ja versucht, den Trennungsprozeß gemäß der alten Entscheidung, keine Trauer zu zeigen, zu vollziehen.

Therapieverläufe

Aus dem Therapieverlauf von Peter H.

Die bisher beschriebenen einzelnen Arbeiten stellen Ausschnitte aus der Therapie mit Peter H. dar, Ausschnitte, die besonders gut ein bestimmtes Konzept der Transaktionsanalyse illustrieren, jedoch nicht die ganze Therapie beschreiben. In der nachfolgenden Schilderung will ich Einblick in den Gesamtablauf seiner Therapie vermitteln.

In der Anfangsphase (ca. ½ Jahr) setzte sich Peter H., so wie es in der Arbeit mit dem inneren Dialog beispielhaft dargestellt wurde, besonders mit seiner Anstrengungsbereitschaft auseinander. Dabei ersetzte er alte Anforderungen in seiner Eltern-Ich-Haltung durch neue Erlaubnisse, die er entweder von mir nahm oder sich aufgrund von Informationen, die er in der Gruppe erhielt, selber gab. In vielen Besprechungen konkreter Schulsituationen wurde dabei deutlich, wie sehr seine Erwachsenen-Ich-Haltung durch „Eltern-Ich"-Normen und „Kind-Ich"-Ängste getrübt war. Durch das Zuordnen der Trübungen zu den entsprechenden Ich-Zuständen lernte er, realitätsangemessen und problemlösend zu denken. Er begann, seine Arbeit zu strukturieren und sich effektiver auf den Unterricht vorzubereiten. Durch einen kleinen Theorievortrag, den ich in der Gruppe über Ersatzgefühle gab, fand er zudem heraus, daß er sich vor allem nachts, wenn er nicht schlafen konnte, über die Anforderungen von Autoritäten ärgerte, diesen Ärger aber mit Angst überdeckte. Wir vereinbarten, daß er in Zukunft bei solchen Schlafstörungen seinen Ärger aufschreiben sollte. Er tat dies einige Male und konnte dann besser schlafen. Darüber hinaus hatte diese Erfahrung einen sehr guten Nebeneffekt: Es wurde deutlich, daß er viele Anforderungen des Schulrats und Schulleiters nur fantasierte. D. h., er lernte, zwischen konkreten und fantasierten Anforderungen zu unterscheiden. Wichtiges Thema am Anfang der Therapie war zu-

dem sein Umgang mit Zuwendung. Beispielhaft wurde dazu das Körnermärchen wiedergegeben.

Schwierigkeiten und Durststrecken in der Therapie entstanden da, wo Peter H. die therapeutische Situation selbst zur Leistungssituation umdefinierte und mich zu einer ausschließlich oder überwiegend Forderungen stellenden Person machte. Manchmal gelang es uns nicht, diese Wahrnehmung aufzulösen. Dann fühlte sich Peter als Versager in der Therapie. Und auch ich mußte mich manchmal bemühen, die konkreten Schwierigkeiten „erwachsen" zu sehen und mich nicht aus einer Retterposition heraus übermäßig für und um ihn anzustrengen. (Denn auch TherapeutInnen haben ein Skript, was manchmal – trotz aller Eigentherapie während der Ausbildung – zum Tragen kommen kann.)

Im 2. Jahr seiner Therapie standen die Beziehungen zu anderen Menschen im Mittelpunkt der Aufmerksamkeit. Das zuvor dargestellte Skript-System stammt aus dieser Zeit. Spielverhalten mit anderen Menschen, denen er leicht aus der Opferposition oder aber, wie bei seiner Freundin, zuerst aus der Retter- und später in der Opferposition begegnete, wurde analysiert und verändert. Peter H. lernte dabei, seine sozialen Kontakte auch außerhalb der Therapie auszuweiten und für die notwendige Zuwendung zu sorgen. Außerdem erkannte er, daß er noch nicht wirklich Abschied von seiner Freundin genommen hatte. Er versuchte dies einige Male, indem er seine Freundin „auf einen leeren Stuhl" setzte und ihr sagte, was er in der Beziehung bekommen hatte und was offen geblieben war. Dabei war er jedoch in seinen Gefühlen lange Zeit blockiert und konnte im Zusammenhang mit ihr weder Trauer noch Wut zulassen, obwohl er gerade in dieser Phase der Therapie lernte, sowohl im Rollenspiel als auch bei der Klärung gruppendynamischer Konflikte offen und direkt seinen Ärger zu äußern.

Die blockierten Gefühle der Freundin gegenüber ließ Peter H. erst nach der im letzten Kapitel beschriebenen Neuentscheidung zu. Und nachdem er die Inhalte seines Kind-Ich-Zustandes in diesem Punkt geändert hatte, konnte er auch die in der jüngsten Vergangenheit blockierten Gefühle spüren und ausdrücken. Er konnte dann auch sehen, daß sein Anteil am Mißlingen der Beziehung in seinem Rückzug *und in den kargen Gefühlsäußerungen bestanden hatte. Das heißt, das Zulassen seiner Gefühle zusammen mit neuen Erkenntnissen bewirkten eine gänzliche Neu-Orientierung hinsichtlich seines Interesses gegenüber Frauen.*

Gegen Ende seiner Therapie (nach ca. 2 Jahren) konzentrierte sich Peter H. auf emotionale Arbeiten am Skript. Er traf z. B. Neuentscheidungen im Zusammenhang mit seiner Rücksichtnahme auf die leidende (und dadurch manipulierende) Mutter und beschloß, nicht die gleiche aggressionsgehemmte Männerrolle innehaben zu wollen wie sein Vater.

Als er seine Therapie beendete, erlebte er ab und zu noch die alten Einschränkungen. D. h., er fühlte sich manchmal als Opfer, spürte zuzeiten einen großen Leistungsdruck und hatte dann auch wenig Kontakt zu seinen Gefühlen. Das Erleben dieser Einschränkungen war jedoch viel seltener geworden. Und es gelang ihm überwiegend, z. B. bei Leistungsanforderung, sehr rasch, sich „selbst zu enttrüben", indem er sich fragte, welchen Ich-Zuständen seine Gedanken und Gefühle zuzuordnen waren. Insgesamt fühlte er sich wohl, konnte gut schlafen und war auf der Suche nach einer neuen Freundin. Mit sehr feinsinnigem Humor, den ich am Beginn der gemeinsamen Arbeit gar nicht wahrgenommen hatte, brachte er sich jetzt auch häufig in die Gruppe ein. Auf diese Weise konnte er anderen Gruppenmitgliedern dazu verhelfen, liebevoll über sich selbst zu schmunzeln.

Für Peter H. selbst bestand das wichtigste Ergebnis darin, daß er angefangen hatte, sich zu mögen und in seinem Geworden-sein zu bejahen, auch wenn er „kein perfekter Mensch" war. Dies war ursprünglich gar nicht das Ziel seiner Therapie gewesen, sondern zuerst als „Nebenprodukt abgefallen", aber schließlich zum zentralen Gewinn seiner Therapie geworden.

Aus dem Therapieverlauf von Bärbel und Jochen J.

Von Anfang bis zum Schluß (insgesamt fast 3 Jahre) richtete ich mein Augenmerk bei diesem Paar immer wieder auf die „Verhakungen" der beiden Partner, d. h. auf jene Anteile der Beziehung, in der sie ihr Skript durch das Ausleben von Skriptelementen gegenseitig verstärkten. Dies begann bei der komplementären Energiebesetzung ihrer Ich-Zustände und ging über die Analyse ihrer Spiele bis hin zur Verdeutlichung ihres symbiotischen Systems. Immer wieder wurde deutlich, daß sie sich gegenseitig „gefangen" hielten: Jochen in seiner Eltern-Ich-Haltung und Bärbel in ihrer Kind-Ich-Haltung.

Auch in der Phase emotionaler Arbeit am Skript wurde die gegenseitige Verstrickung noch einmal deutlich: Da für Bärbel Zuwendung mit einer Aufgabe ihrer eigenen Bedürfnisse gekoppelt war, mußte sie sich zurückziehen, um sich zu schützen. Auf diesen Rückzug reagierte Jochen mit seiner erhöhten skriptabhängigen Anstrengungsbereitschaft. Diese wiederum verstärkte Bärbels Angst und damit ihren Rückzug. Gleichzeitig wurde der Druck der unbefriedigten Bedürfnisse so groß, daß es zu einer Eskalation kam. Die Durststrecken ihrer Therapie bestanden zwar oftmals im Aushalten-müssen von immer wieder auftretenden Spannungen und Auseinandersetzungen nach altem Muster. Es gab jedoch nie wieder eine tätliche Auseinandersetzung.

Trotz neuer, in ihrer Therapie gewonnener Erkenntnisse kommt es gerade zwischen Partnern leicht noch einmal dazu, Konflikte nach dem „alten, eingeschliffenen Muster" lösen zu wollen. Informationen über den Verlauf von Paartherapien helfen dann häufig, die Frustration zu überwinden.

Das Ende der Therapie von Bärbel und Jochen bedeutete nicht, daß sie in Zukunft keine Konflikte mehr haben würden, daß sie jedoch in der Lage sein würden, ihr „Rückzugs-Anstrengungsmuster" wahrzunehmen und aufzulösen. Außerdem hatten sie gelernt, auch im sexuellen

Bereich ausreichend Streicheln zu geben und zu nehmen. Besonders wichtig war in diesem Zusammenhang die Erfahrung, daß man Eigenständigkeit und Liebe miteinander verbinden kann.

Grundlage für das Gelingen der Therapie war jedoch die von jedem Partner individuell getroffene Entscheidung, etwas verändern zu wollen, sowohl für sich persönlich als auch für die Beziehung.

Peter H. sowie Bärbel und Jochen erlebten sich am Ende ihrer Therapie nicht als „geheilt" im Sinne des „idealen, autonomen Menschen", der zu jeder Zeit das Richtige tut, denkt und fühlt. Sondern sie hatten gelernt, wie sie mit sich selbst einig sein konnten. Sie hatten sich für einen Weg entschieden, auf dem sie ohne unrealistische Glückserwartungen bereit waren, zukünftige Probleme anzunehmen, aus ihnen zu lernen und an ihnen zu wachsen. Damit war für mich ein wichtiges Anliegen meiner Arbeit erfüllt.

Ich selber hatte mit Peter H., Bärbel und Jochen die Erfahrung teilen können, daß wir nicht das Opfer unserer Probleme sind, wenn wir sie als Wachstumsaufgaben begreifen.

Probleme bei der transaktionsanalytischen Theorie und Therapie

Ich möchte dieses Buch nicht beenden, ohne noch einmal auf die Probleme, die aus transaktionsanalytischer Theorie und Therapie erwachsen können, hinzuweisen (wenngleich ich sie an manchen Stellen des Textes bereits angesprochen habe). Damit will ich Sie in keiner Weise davon abhalten, sich für Transaktionsanalyse zu interessieren oder eine transaktionsanalytisch orientierte Selbsterfahrung oder Therapie anzusteuern. Sonst wäre dieses Buch umsonst geschrieben. Viel eher möchte ich Sie dazu anregen, transaktionsanalytischen Inhalten und den Personen, die diese Inhalte anbieten, mit Ihrer Kritikfähigkeit und Ihrer Intuition zu begegnen. Auf diese Weise können Ihr Bedürfnis und Ihr Interesse wahrscheinlich mit guten Erfahrungen befriedigt werden.

Zunächst zum Verfahren selbst: Die Transaktionsanalyse hat sich historisch gesehen auf dem Hintergrund der amerikanischen Gesellschaft der 50er und 60er Jahre dieses Jahrhunderts entwickelt, einer Gesellschaft, in der u.a. der schnelle Erfolg, die Effektivität und das Gewinnen hohe Werte waren. Hier hatte auch Eric Bernes Anliegen einer einfachen, leicht begreifbaren, eben einer pragmatischen, gut handhabbaren Theorie und Therapie seine Entsprechung. Von daher verbreitete sich im Zusammenhang mit dem neuen Verfahren der Transaktionsanalyse anfangs ein – von mir bereits erwähnter – unangemessener Änderungsoptimismus. Das Ziel des autonomen Menschen, der (jederzeit) klar denkt, Probleme löst, Bedürfnisse befriedigt und dafür sorgt, daß sein „freies Kind etwas zu lachen hat", wurde, wenn auch nicht offen propagiert, so doch zwischen den Zeilen als neue Möglichkeit angeboten. Dabei wurde weder die Mühsal benannt, die es bedeuten kann, tiefgreifende psychische Beeinträchtigungen zu verändern, noch dem Leiden, das diese Beeinträchtigungen und ihre Änderungsprozesse für Menschen bedeuten können, ausreichend Rechnung getragen. Und die Gefahr, diesen Geist zu vermitteln, besteht auch heute noch für transaktionsanalytisch ausgerichtete TherapeutInnen, zumal sie damit dem Streben unserer narzißtisch geprägten Gesellschaft entgegenkommen, Idealbilder zu erfüllen.

Die gleiche unbekümmerte Leichtigkeit, sich zu ändern, kann auch durch einen unangemessenen und übertriebenen Gebrauch von Erlaubnissen vorgegaukelt werden, die dann eher zu Abhängigkeit als zu Befreiung führen. Denn Klienten haben häufig Sehnsucht nach Erlaubnissen, die die vielen kritischen Stimmen in der eigenen Person entkräften. Dabei wird der/die erlaubnisgebende TherapeutIn als „guter Vater" oder „gute Mutter" erlebt, dem/der sich der/die KlientIn öffnet, um von dieser langersehnten „guten Person" möglichst viel aufzunehmen. Häufig sind dies jedoch nicht nur Erlaubnisse, sondern – meist gar nicht ausdrücklich vermittelt – auch Normen und Werte, die die Klienten erfüllen wollen, um die endlich gewonnene „gute Person" nicht zu verlieren. Wenn die Auseinandersetzung mit sich selbst und dem eigenen Weg dann mühseliger wird, als erwartet, so erleben sich die Klienten als VersagerInnen. Im Endeffekt werden dann sowohl durch die Überanpassung (wenn ich so bin, wie der/die TherapeutIn mich haben will, ist er/sie lieb zu mir) als auch durch die Versagenserlebnisse (ich schaffe es sowieso nicht, den Ansprüchen zu genügen oder diese Ziele zu erreichen) erneut einschränkende Elemente im Lebensplan wiedererlebt und verstärkt. Das heißt, es wird schädigende Wiederholung statt Heilung bewirkt.

Ein wichtiger Grundsatz in den Vereinigten Staaten ist bekanntlich die Freiheit des Individuums. Dieses Ideal findet sich u.a. in dem von der Transaktionsanalyse früher stärker als heute betonten Therapieziel der autonomen Persönlichkeit wieder. Konkret bedeutet dies die Befreiung von elterlichen Einschränkungen und die Loslösung aus Beziehungsanteilen, mit denen wir uns gegenseitig festhalten. Durch eine Überbetonung dieser Freiheit kann es jedoch zum einen allzu leicht dazu kommen, nur den Eltern die „Schuld" für das heutige So-Sein zu geben und

120

damit der Selbstverantwortung auszuweichen. Zum anderen ist jedoch – wie bereits im Kapitel Symbiosen angeklungen – auch Vorsicht im Umgang mit den neuen Freiheiten geboten. Denn wenn diese nicht erwachsen, sondern rebellisch gehandhabt werden, sind sie genausowenig selbstbestimmt, wie die einschränkende Anpassung, aus der sie entlassen sollen. Das heißt: Wenn beispielsweise eine Frau als Kind entschieden hat, daß sie allein weniger verletzlich ist als in Beziehung zu Menschen, und sich aus einer rebellischen Position heraus entscheidet, eine Beziehung zu beenden, indem sie dem Partner „die Schuld" an ihrer Einsamkeit zuschreibt, so kann sie dann skriptgemäß wieder „allein" sein. Auch hier könnte also ohne entsprechende Vorsicht Autonomie zur „unabhängigen Freiheit" (Ungebundenheit) verkommen und das Skript durch die Therapie eher verstärkt als verändert werden.

Natürlich kann die Loslösung aus einer skriptbestimmten Beziehung die sinnvolle Konsequenz aus einer Therapie sein. Wichtig ist jedoch, daß dies weder rebellisch noch übereilt geschieht und daß z. B. auch bei der Loslösung aus einer schwierigen und verletzenden Beziehung Raum für Trauer bleibt. Dabei erscheint ein vorsichtiger, erwachsen reflektierter Umgang mit der Befreiung aus symbiotischen Abhängigkeiten vor allem dann besonders geboten, wenn nur einer der Partner eine Therapie absolviert.

Ein weiteres Problem, das manchmal außer acht gelassen wird, ist, was im sozialen Umfeld einer Person passiert, die sich durch Therapie verändert. Inwieweit ist sie z. B. darauf vorbereitet, gewohntes Streicheln – und sei es auch skriptverstärkend – nicht mehr zu bekommen? Inwieweit kann der Klient mit Ärger- oder Abwehrreaktionen umgehen, die ihr/ihm neues Verhalten eintragen? Welche Konsequenzen wird z. B. das Aufgeben einer Retterrolle im beruflichen Bereich haben? Welche Verlassenheitsängste und damit aggressive Reaktionen können bei den jeweiligen Partnern ausgelöst werden? All dies sind Auswirkungen, mit denen sich der/die KlientIn auseinanderzusetzen hat.

Damit wird es notwendig, daß diese Fragen auch zum therapeutischen Thema werden.

Und nun zum/zur TherapeutIn selbst: Ob und inwieweit diese Probleme gesehen und ihnen entgegengewirkt wird, hat – wie bei anderen Therapieformen auch – viel mit der Person des/r TherapeutIn zu tun. Eine konstruktiv kritische Betrachtung transaktionsanalytischer Theorien und Konzepte kann ebenso zur Vorsicht beitragen wie eine Bewußtheit für Idealisierungsprozesse oder ein einfühlsamer, mit den Zielen des/r KlientIn abgestimmter Umgang mit Erlaubnissen. Gleichzeitig bedarf es jedoch auch der Bereitschaft des/der TherapeutIn, den Einfluß der eigenen Person – und deren Einschränkungen – auf die therapeutische Beziehung in die Überlegungen einzubeziehen.

Dennoch muß man feststellen: Für eine „perfekte therapeutische Haltung" kann nicht einmal die Eigentherapie, die im Rahmen der Ausbildung absolviert wird, garantieren. Denn „auch TherapeutInnen sind Menschen" und begegnen ihren KlientInnen als Menschen.

Einige Anmerkungen zum „Gebrauch" von transaktionsanalytischer Therapie

Die transaktionsanalytische Psychotherapie ist für Personen mit unterschiedlichsten Beeinträchtigungen geeignet. Diese können von neurotischen Störungen, wie z. B. Depressionen, sexuellen Beeinträchtigungen, Leistungsproblemen, zwanghaften Strukturen, Phobien und hysterischen Strukturen bis hin zu Störungen aus den psychotischen Formenkreisen reichen. In der Suchttherapie und bei psychosomatischen Erkrankungen kommt die Transaktionsanalyse ebenso zur Anwendung wie bei Partnerschaftskrisen oder Störungen eines Familiensystems.

Neben dem Bereich der Psychotherapie werden transaktionsanalytische Konzepte und Methoden auch in all jenen Berufsfeldern angewendet, die wesentlich von menschlichen Interaktionen mitgeprägt werden, wie z. B. Beratung und Seelsorge, Lehre und Erziehung, Organisation und Betriebsführung.

Wenn Sie sich für eine transaktionsanalytische Psychotherapie oder die sonstige Nutzung von transaktionsanalytischen Konzepten interessieren, so wenden Sie sich bitte an die

Deutsche Gesellschaft für Transaktionsanalyse (DGTA)

Tannenbergstr. 29

8500 Nürnberg-Ziegelstein

Tel.: 09 11/9 95 29 10

Diese wird Ihnen Therapeuten oder Therapeutinnen sowie sonstige „Fachleute" in Ihrer Region empfehlen.

Ausbildung

Eine Ausbildung in Transaktionsanalyse, sowohl für den klinischen Bereich als auch für die o.g. weiteren Berufsbereiche, kann derzeit bei ca. 40 AusbilderInnen, die regional über die alten Bundesländer verteilt sind, absolviert werden. Informationen über Zugangsvoraussetzungen und weitere Bedingungen vermittelt Ihnen ebenfalls die Geschäftsstelle der DGTA, z. B. auch eine Liste deutschsprachiger AusbilderInnen.

Anhang

Weitere Beispiele für Transaktionen:

1. Komplementäre Transaktionen

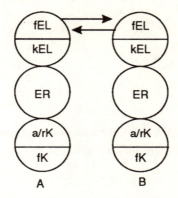

A: Die Orientierungsstufe ist für die Kinder wirklich schwierig.

B: Ja, der Leistungsdruck ist da schon enorm.

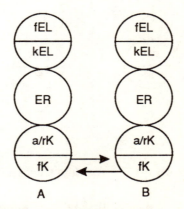

A: Ich möchte mal für ein paar Tage raus.

B: Da komm' ich gerne mit.

2. Gekreuzte Transaktionen

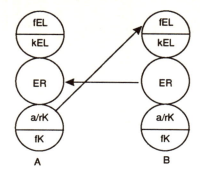

A: (jammernd) Ich weiß nicht mehr ein noch aus.
B: Was ist dein augenblickliches Problem?

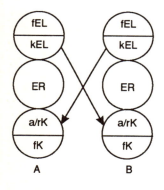 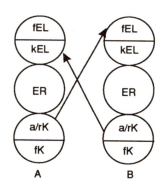

A: Wieso kommst du erst jetzt?
B: Woher nimmst du das Recht, mich zu kontrollieren?

A: Mein Chef ist ja so schlimm.
B: Sag' mal, kannst du denn niemals etwas anderes erzählen?

3. Verdeckte Transaktionen

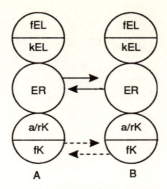

A: Interessierst du dich auch für Psychologie?
(unterschwellig aufgeregt:
Interessierst du dich auch für mich?)

B: Ja, ich finde Psychologie sehr spannend.
(unterschwellig aufgeregt:
Ja, ich interessiere mich für dich.)

Literaturhinweise

BABCOCK, D.E. & KEEPERS, T.D., Miteinander wachsen: Transaktionsanalyse für Eltern und Erzieher. Dt. Bearbeitung von H. Harsch. München: Kaiser, 1980

BERNE, E., Spiele der Erwachsenen: Psychologie der menschlichen Beziehungen. Reinbek: Rowohlt, 1970

ENGLISH, F., Es ging doch gut – was ging denn schief? Beziehungen in Partnerschaft, Familie und Beruf. Mit einer Einleitung von Martin Koschorke. München: Kaiser, 1982

GOULDING, M. & GOULDING, R.L., Neuentscheidung: Ein Modell der Psychotherapie. Mit einem Vorwort von Rüdiger Rogoll. Stuttgart: Klett-Cotta, 1981

GOULDING, M., „Kopfbewohner" oder: Wer bestimmt dein Denken? Paderborn: Junfermann, 1988

HARSCH, H. & JESSEN, F., Transaktionsanalyse: Tauschhandel der Gefühle. In: PETZOLD, H. (Hrsg.), Wege zum Menschen. Band II. Paderborn: Junfermann, 1984

HAGEHÜLSMANN, U. & HAGEHÜLSMANN, H., Transaktions-Analyse. In: CORSINI, R.J. (Hrsg.), Handbuch der Psychotherapie. Hrsg. und Bearb. d. dt. Ausg.: Gerd Wenniger. Weinheim, Basel: Beltz, 1983, 1315 -1356

JAMES, R. & JONGEWARD, D., Spontan leben: Übungen zur Selbstverwirklichung. Reinbek: Rowohlt, 1974

ROGOLL, R., Nimm dich, wie du bist. Freiburg, Basel, Wien: Herder, 1976

STEINER, C., Wie man Lebenspläne verändert: Die Arbeit mit Skripts in der Transaktionsanalyse. Paderborn: Junfermann, 1982

STEWART, I., Transaktionsanalyse in der Beratung: Grundlagen und Praxis transaktionsanalytischer Beratungsarbeit. Paderborn: Junfermann, 1991.

Richard Bandler
„Bitte verändern Sie sich... jetzt!"
Das Buch veranschaulicht das effektive und elegante Vorgehen dieses „gierigen Agenten der Veränderung" (Bandler über Bandler).
299 S.; DM 44,–

Genie Z. Laborde
Kompetenz und Integrität
„Dr. Laborde gehört ohne Zweifel zu den geschicktesten, klarsten und erfolgreichsten Vermittlern des NLP." – *John Grinder*
283 S.; zahlr. Abb., DM 49,80

Robert Dilts
Identität, Glaubenssysteme und Gesundheit
„Das primäre Ziel dieses Buches ist es, Ihnen das ‚Wie' von Glaubensveränderungen zur Verfügung zu stellen." – *Robert Dilts*
228 S.; DM 38,–

Winfried Bachmann
DAS NEUE LERNEN
„Dieses mit viel Sachkenntnis geschriebene Buch widerlegt alle diejenigen, die bislang behaupten, zu NLP gebe es keine umfassende Darstellung." – *TRAINING AKTUELL*
320 S.; DM 39,80

Tad James, Wyatt Woodsmall
TIME LINE
„... eine neue, wirksamere und menschlichere Art der Menschenführung tut sich auf." – *Klaus Marwitz*
312 S.; DM 44,–

Bruce Dillman
ZIEL UM ZIEL
Öfter, systematischer und effektiver die von Ihnen erwünschten Erfolge zu erzielen – davon handelt dieses Buch.
272 S.; DM 39,80

Astrid Schreyögg
SUPERVISION
Mit diesem Lehrbuch stellt die Autorin erstmalig im deutschsprachigen Raum ein zusammenhängendes Supervisionskonzept vor.
538 S.; DM 49,80

Milton H. Erickson
Ernest L. Rossi
DER FEBRUARMANN
„... eine der zentralen Grundlagen des NLP." – *Thies Stahl*
380 S.; DM 48,–

Fordern Sie unsere kostenlosen Prospekte an! (Postfach 18 40, D-4790 Paderborn – Tel.: 0 52 51 / 3 40 34)

JUNFERMANN VERLAG

Moshe Feldenkrais

Die Feldenkraismethode in Aktion

Dieses Buch beinhaltet nach Feldenkrais' eigener Einschätzung in einer einzigartigen Gesamtschau alles Wesentliche seiner Arbeit.

248 S.; DM 38,–

Virginia Satir

Kommunikation · Selbstwert · Kongruenz

Virginia Satirs reiches Wissen und ihre Erfahrung aus den letzten 15 Jahren Arbeit mit und in Familien sind in dieses, ihr letztes Buch eingeflossen.

496 S.; DM 44,–

Robert Ornstein

MULTIMIND

„Ein Buch voller Mut zum Ungewöhnlichen, es gehört in die oberste Schublade von Menschen, deren Profession Erziehung, Therapie oder Management ist." – *congress & seminar*

228 S.; DM 34,80

Ken Wilber

Das Atman-Projekt

„Ich kenne keinen anderen modernen Autor, der über die tiefen existentiellen Fragen mit solch bestechender Klarheit schreiben kann."
– Fritjof Capra

340 S.; DM 39,80

Carolyn Bates, Annette Brodsky

Eine verhängnisvolle Affäre oder: Sex in the Therapy Hour

„Anders als in den USA aber ist das Thema bei uns immer noch tabu."
– *stern*

268 S.; DM 29,80

Stephen Bank, Michael Kahn

Geschwister-Bindung

„Noch niemals wurden die einzigartigen Formen der Geschwister-Bindungen besser beschrieben ... aufregend und anschaulich."
– Carl Whitaker

308 S.; DM 39,80

Deepak Chopra

Die Rückkehr des Rishi

„Dr. Chopra hat das Territorium einer Medizin der Zukunft umrissen."
– Dr. Larry Dossey

296 S.; DM 34,80

Daniel Araoz

Die neue Hypnose

„Araoz fügt verstreute Stränge der klassischen und der modernen Hypnose zu einem Gebilde der Einheitlichkeit und des Verstehens zusammen."
– Ernest Rossi

248 S.; DM 39,80

Fordern Sie unsere kostenlosen Prospekte an! (Postfach 18 40, 4790 Paderborn – Tel.: 0 52 51/3 40 34)

JUNFERMANN VERLAG

Ian Stewart
Transaktions-analyse in der Beratung
Der Autor legt mit dieser Arbeit ein Handbuch für die praktische Anwendung der TA in der Beratung vor.
276 S.; DM 38,–

Astrid Schreyögg
SUPERVISION
Mit diesem Lehrbuch stellt die Autorin erstmalig im deutschsprachigen Raum ein zusammenhängendes Supervisionskonzept vor.
538 S.; DM 49,80

Milton H. Erickson, Ernest L. Rossi
DER FEBRUARMANN
„Dieser Fall kann in bezug auf Ericksons Arbeit mit einer Phobie das repräsentieren, was der Fall Dora in bezug auf die Arbeit Freuds repräsentiert." –
Jay Haley
380 S.; DM 48,–

Hilarion Petzold, Ilse Orth (Hrsg.)
Die neuen Kreativitätstherapien
„Was die Herausgeber in den beiden Bänden zusammengetragen haben, verdient Bewunderung." –
Tilmann Moser in FAZ
2 Bde., 1245 S.; DM 98,–

Bradford Keeney
IMPROVISATIONAL THERAPY
Keeney lädt die Therapeuten dazu ein, einen individuellen und kreativen Arbeitsstil zu entwickeln.
168 S.; DM 34,80

Carl Whitaker
Das David & Goliath Syndrom
Die Aufsätze dieses Buches spiegeln Whitakers über 40jähriges erfolgreiches Wirken als Familientherapeut wider.
283 S.; DM 39,80

Elke Willke et al.
TANZTHERAPIE
„Endlich gibt es auch auf dem deutschsprachigen Markt ein wunderbares Buch, das die Tanztherapie umfassend darstellt." –
Dt. Ärzteblatt
516 S.; DM 49,80

Richard Erskine, Janet Moursund
Kontakt • Ich-Zustände • Lebensplan
Dieser neue und notwendige Ansatz basiert in großem Umfang auf der Arbeit von E. Berne, F. und L. Perls.
416 S.; DM 44,–

Fordern Sie unsere kostenlosen Prospekte an! (Postfach 18 40, D-4790 Paderborn – Tel.: 0 52 51 / 3 40 34)

JUNFERMANN VERLAG